KB095514

─────────── 님의 소중한 미래를 위해
이 책을 드립니다.

문과에도 길은 있다

문과에도
길은 있다

문과생을 위한 취업의 정석

양대천 지음

메이트북스

메이트북스 우리는 책이 독자를 위한 것임을 잊지 않는다.
우리는 독자의 꿈을 사랑하고,
그 꿈이 실현될 수 있는 도구를 세상에 내놓는다.

문과에도 길은 있다

초판 1쇄 발행 2018년 5월 10일 | 지은이 양대천
펴낸곳 ㈜원앤원콘텐츠그룹 | 펴낸이 강현규·정영훈
책임편집 이가진 | 편집 심보경·안미성·김슬미
디자인 최정아·홍경숙 | 마케팅 한성호·김윤성 | 홍보 이선미·정채훈
등록번호 제301-2006-001호 | 등록일자 2013년 5월 24일
주소 06132 서울시 강남구 논현로 507 성지하이츠빌 3차 1307호 | 전화 (02)2234-7117
팩스 (02)2234-1086 | 홈페이지 www.matebooks.co.kr | 이메일 khg0109@hanmail.net
값 15,000원 | ISBN 979-11-6002-119-6 03190

메이트북스는 ㈜원앤원콘텐츠그룹의 경제·경영·자기계발·실용 브랜드입니다.
잘못 만들어진 책은 구입하신 서점에서 교환해 드립니다.
이 책을 무단 복사, 복제, 전재하는 것은 저작권법에 저촉됩니다.

이 도서의 국립중앙도서관 출판시도서목록(CIP)은 e-CIP홈페이지(http://www.nl.go.kr/ecip)에서
이용하실 수 있습니다.(CIP제어번호 : CIP2018011670)

성공하는 사람들이란 자기가 바라는 환경을
찾아내는 사람들이다.
발견하지 못하면 자기가 만들면 된다.

• 조지 버너드 쇼(영국의 극작가 겸 소설가이자 비평가) •

문송이 그대,
무모한 싸움에서 벗어나자!

"우리가 대학원서 쓸 때까지도 그래도 괜찮았는데. 그냥 학교와

사회가 이끄는 대로 밤새 학원 다니며 공부했는데, 이제는 쓸모없

는 문송('문과라서 죄송')이라니.

우린 대학에 와서도 좋은 학점을 위해, 잘 안 되는 공인영어 점수

를 위해 올인하지 않았니. 대학에서 학점 따기가 쉬우냐? 아니면

방학 중에 겨우 짬내서 영어학원 수강한다고 점수가 팍팍 오르

냐? 어쨌든 난 나름 학점도 따고 지금까지도 영어 공부는 게을리

하지 않고 있지. 자격증도 뭐가 필요할지는 모르겠지만 일단 딸

수 있는 것은 따보기 위해 노력하고 있지.

그나저나 1, 2학년 때는 대학생활 열심히 하면서 보내면 3, 4학년 때는 미래에 대한 방향이 잡힐 줄 알았는데, 이과 애들은 나름 전공을 살려 준비하는 것 같기도 한데, 문과인 우리는 기술을 전혀 모르잖아. 가끔 공대에서 원론 과목을 듣거나 복수전공을 하느라 고생하는 애들도 있지만, 그 애들은 고생만 하고 학점 펑크 내고 더 안 됐지 뭐냐.

청년실업자 수만 103만 명에, 공시족은 집계도 안 되는 수십만 명에 이른다고 하는데 노량진은 박 터지고, 이래도 내가 공무원 준비를 해야 하는지도 모르겠어. 솔직히 공시시장에 들어가는 것은 너무나 겁나. 지금까지 시험에 이골이 났지만 정말 공시밖에 없는 건지 모르겠어.

세계적인 투자의 귀재인 짐 로저스라는 분이 2017년 한국에 방문해서 한 말이 있지. '한국 청년들의 공무원 시험 열풍은 매우 부끄러운 일이다.' 그 분 말이 맞는지 틀리는지는 모르겠지만, 딱히 답도 없어.

김난도 교수님께서 『아프니까 청춘이다』라는 책에서 말씀하셨지. '안정에 성급히 삶을 걸지 말고 꿈과 열정을 쫓으라'고. 그리고 '부모님이나 사회가 원하는 길보다는 내가 내린 결정으로 삶을 인도하라'고.

그런데 말이지. 솔직히 난 내 꿈과 열정이 어디에 있는지 잘 모르겠어. 그리고 내가 잘 알지도 못하면서 섣불리 내릴 결정을 위해, 부모님과 사회가 추구하는 길을 외면할 자신은 더욱 없어. 더구나 내 친구들 중에 그런 애들이 눈 씻고 봐도 없잖아.

내가 오래전부터 감명 깊게 읽었던 책 『꿈꾸는 다락방』에서 이지성 작가님께서 하신 말씀이야. '네가 간절히 꿈꾸고 소망하는 일은 반드시 이룰 수 있어.' 그런데 난 모르겠어. 그렇게 꿈꾸고 소망할 일이 내게도 있는지, 그리고 꿈이 생긴다 해도 그 꿈을 정말 이룰 수 있을지는 더욱 자신이 없어. 물론 이지성 작가님의 말씀은 지금도 믿어 의심치 않아. 다만 내가 뭘 소망하고 당장은 뭘 해야 할지를 모르겠어.

나 문송이, 나도 공돌이처럼 내 궤도에 진입할 수 있을까? 정말 노답 문송이인가? 무엇보다 성공과 취업을 꿈꾸고 싶지만, 당장 무엇을 할지 모르겠는데.

금수저 애들은 다양한 전문 스펙 갖추기에 벌써 매진중이고, 취업 컨설턴트와 고액의 취업전문학원의 도움으로 이미 이륙은 물론 비행중일 텐데⋯. 고등학교 공부의 연장선에 불과한 기본 스펙만 쌓기 위해 노력해온 내게는 정말 멘토조차도 없는 걸까?"

한 문과생의 독백이다. 사실 문과생이라면 누구나 공감할 내용일 것이다. 정말 특별할 것이 없는 문송이로서 지금 할 수 있는 말, 아니면 해야 하는 말, "문과라서 진심으로 죄송합니다."

그런데 말이지, 문송이의 선생인 나는 정말 젊음의 시간을 다 바쳐 열심히 학업을 해온 나의 학생들이 이유 없이 사죄하는 걸 방관할 수 없다. 문송이는 주변의 기대에 맞추려고 노력하면서 지금에 왔다. 이 모든 것이 어찌 문송이의 탓인가?

이제 문송이는 계란으로 바위 치는 싸움에서 벗어나야 한다. 누군가는 바위 치는 싸움에서 벗어나는 방법을 말해줘야 한다. 아니, 벗어나게 해줘야 한다. 그게 바로 정의Justice다.

꿈꾸는 문송이에게는 분명히 답이 있을 거다. 아니, 답이 있어야 한다. 이제 이 책을 통해 그 답을 파헤쳐보자. 네겐 이제 멘토가 있어. 나와 함께 가보자, 의심하지 말고.

그래, 우선 답부터 이야기해보자.

"보내줄게, 공기업."

그래서 문송아, 이제 당당히 주변에 말하자.

"문과라서 미안해. 하지만 말이지. 나 진짜 한전 들어가."

이제 '왜 공기업이 답'인지를 이야기해나갈 것이다. 그래서 네가 공기업에 들어가기 위한 분명한 '길'을 보여줄 것이고, 그 '길'을 같이 갈 것이다.

그렇지만 이 책은 공기업 입사에 도움을 주고자 하는 '공기업 취업 안내서'가 아니야. 문과생 모두가 공기업에 들어가는 것을 원하는 건 아니야! 그럴 마음은 정말 추호도 없다.

지금도 목적 없이 헤매고 있는 네게 '잠정적인 목표'를 말하는 거야. 네 어린 청춘의 부족한 경험과 시야로 부딪치기에는 이 세상의 장벽은 너무 높아. 게다가 한 번 실패하면 돌아오기도 힘들어. 그러니 당장은 함께 '공기업'을 목표로 해보자!

미안하지만 이는 잠정적일 뿐이야. 때가 되면 '   ' 안에 네 꿈을 넣어. 그럼 문과생으로서 넌 제대로 길을 가는 거야. 네 꿈이 뭐든 간에, 단지 지금은 '공기업'이라는 길을 빌리는 거다. 믿어도 돼.

우리가 함께 걷는다는 것은, 바로 '문과생으로서 네가 소중한 청춘을 허비하지 않고도 모두가 원하는 진짜 스펙을 갖춘다'는 것이다. 나는 너무나도 막연한 상황에서 네가 허송세월하지 않고 제대로 된 준비와 스펙을 갖추길 원한다.

물론 네가 지금 다급한 상황이라도 내 이야기가 무엇인지 잘 들어줬으면 한다. 그럼 생각보다 빨리, 그리고 잘 준비할 수 있다. 알잖아, 지금 당장만 보고 무언가를 준비하면 세상은 너무나도 빨리 변해버린다. 아주 조금만 앞을 보자. 그럼 보인다. 자, 이제 함께 가보자. "내 손 잡아."

양대천

최근 대학 졸업자의 50%가 공시를 준비하고 있는 비극적 현실입니다. 누구보다도 문과생에게는 더더욱 가슴 아픈 비극입니다.

우리의 자제들은 유치원 입학부터 수능까지 오직 시험을 위해 전력을 다해왔습니다. 대학에 와서도 어려운 현실 속에서 감히 밖에서 상상하기도 어려운 '학점 경쟁'에 시달리면서도 남들에게 뒤쳐지지 않기 위해 노심초사하며 최선을 다하고 있습니다.

우리의 자제들은 생존과 마주치면서, 세상에 나가기 위해 어쩔 수 없이 주변과의 관계조차 단절해가고 있습니다. 자기 자신을 채찍질하지 않으면 '루저'가 될지 모른다는 두려움으로 현재의 즐거움은 포기해버립니다.

대학(大學)은 '학문적 진리를 탐구하는 곳'임에도, 생존 경쟁에 내몰린 우리의 아이들은 대학 입학과 동시에 오직 취업 공부를 위해 심지어 주변과 관계를 끊어버리기까지 합니다. 사회의 구성원이 되기 위해 불가피하게 '나홀로족'을 선택하는 것입니다.

언젠가 대학 주변에 오셔서 여러분 자제들의 모습을 봐주십시오. 인근의 컵밥집에서 혼밥의 불편함은 아랑곳하지 않고 처절히 살아남기 위해 당당히 헤쳐 나가고 있습니다. 또한 카페에서 하는 온종일의 아르바이트에도 지친 모습조차 보여주지 않습니다.

우리의 아이들은 자신의 환경과 스스로를 절대 불평하지도 않습니다. 당연히 받아들입니다.

우리의 아이들이 공시에 뛰어드는 이유는 단 한 가지입니다. 입학과 동시에 그렇게도 취업을 위해 스펙 쌓기에 올인했지만, 스펙은커녕 기본적인 학점과 영어 점수도 턱없이 부족하기 때문입니다.

대학에서 학생들 모두가 좋은 학점을 따기 위한 경쟁은, 밖에서는 도저히 상상할 수 없습니다. 마치 서로 먹고 먹히는 전쟁과도 같은 상황입니다.

그런데도 학부모님들은 당연히 이렇게 생각합니다. "넌 삼성이나 LG 정도는 가야 하지 않니?"

우리 아이들은 부모님들의 기대를 저버리고 싶지 않습니다. 그리도 말을 안 듣는 것 같지만 제가 가까이서 본 아이들은 오직 부모님께 떳떳하고 자랑스러운 딸과 아들이 되고 싶은 마음뿐이었습니다.

하지만 당장 오늘도 버티기 버거운 우리의 아이들에게 '삼성'이라는 말은 너무나도 시린 아픔입니다. 우리의 아이들을 너무나도 절박한 상황으로 내모는 것은 어쩌면 바로 우리들일지도 모르겠습니다.

언론과 사회 모두가 '청년 실업'에 대해 그리도 걱정하고 떠들고 있습니다. 그래서 "청년 고용 확대"를 소리 높여 외치고들 있습니다.

그렇지만 정작 취업을 위해 스펙에 목숨을 거는 우리 아이들

개개인의 고단함은 안중에도 없는 것 같습니다. '자신의 한 번뿐인 삶'에 대해 단지 사회 문제로 바라보는 시각조차도 불편하기그지없습니다. 아이들은 마치 동물원의 원숭이가 된 심경일 것입니다.

대학의 선생으로서 아이들을 지켜보면서, 현실을 사는 우리 아이들에게 답을 꼭 찾아주고 싶었습니다. 그 답은 '막연한 꿈'에 그쳐서는 결코 안 될 것입니다.

우리 아이들의 손을 잡아 직접 끌어주어야 합니다. 모두가 청년 실업은 가슴 아파해도, 아무도 아이들에게 "이 길을 같이 가보자"라고 말해주지 않습니다.

선생으로서, 우리의 아이들이 허망한 스펙에 목숨을 거는 모습을 매번 지켜보면서, 이제는 '구호'가 아닌 '방법'을 찾지 않으면안 된다고 생각했습니다.

제가 이 책에서 '공기업'이라는 잠정적인 목표를 세운 까닭은오직 한 가지 이유에서입니다. 우리의 아이들에게 반드시 미래를 구체적으로 보여주고 이끌어주어야 하기 때문입니다. 막연히'네 미래의 꿈을 꾸어라'고 해서는 안 되기 때문입니다. 바라건

대 '선생이 학생들을 모두 공기업에 보내려 한다'라고 생각하지는 말아주십시오.

대학에서 듣게 된 아이들의 고민과 소리를 담아, 학부모님께도 이 책의 이야기를 꼭 들려주고 싶습니다. 단 한 번만 이 책을 정독해주셨으면 합니다. 그리고 아이들에게 읽혀주십시오.

물론 제가 이 책에서 드리는 말씀은 공통된 목표도 아니고, 정답도 아닐 것입니다. 그렇지만 아이들의 손을 잡고 싶은 제 마음은 분명히 전달될 것입니다.

우리의 아이들이 더 이상 절벽에 서지 않도록 부모님들과 함께 노력하고 싶습니다. 이제 우리의 문과생 아이들이 문과생이어서 죄송하다며 이유 없이 사죄하지는 않도록 만들고 말겠습니다.

'공기업'이라는 잠정적인 목표를 세운 까닭은
오직 한 가지 이유에서입니다.
우리의 아이들에게 반드시 미래를 구체적으로 보여주고
이끌어주어야 하기 때문입니다.

차례

『문과에도 길은 있다』
저자 심층 인터뷰

'저자 심층 인터뷰'는 이 책의 심층적 이해를 돕기 위해 편집자가 질문하고 저자가 답하는 형식으로 구성한 것입니다. 이 책을 본격적으로 살펴보기 전에 미리 읽으면 본서의 내용을 이해하는 데 도움이 될 것입니다.

Q. 『문과에도 길은 있다』를 소개해주시고, 이 책을 통해 독자들에게 전하고 싶은 메시지가 무엇인지 말씀해주세요.

A. "젊은 날의 특권은 결국 꿈을 위해 무언가를 저지르는 것이다." 세계적인 미래학자 엘빈 토플러의 말입니다. 그러나 그 말을 곱씹어보면, "대한민국 문과생에게 과연 마음껏 꿈꿀 수 있는 자유가 부여되어 왔던가?"라는 반문만이 머릿속에 맴돕니다. 사회의 준엄한 장벽을 일찌감치 깨달으며 남다른 꿈을 버린 지 오래입니다. 문과생에게 부여된 특권이 있다면, 오늘

도 당장 눈앞에 주어진 무언가를 강박적으로 해야만 하는 현실일 것입니다. 눈 앞에 주어진 그 무언가가 자신에게 언제쯤 어떤 도움을 줄지 잘 모릅니다. 그런데도 모두가 하니까 언젠가는 도움이 될 거라는 막연한 믿음으로 스스로를 독려하고 채찍질해나갑니다.

대학 교수 입장에서 문과생들을 지켜보며, 누구도 선뜻 어떤 길을 제시해줄 수 없음이 너무나도 안타깝습니다. 저는 이 책을 통해 여러분이 '재학중이든, 졸업에 임박해 있든, 졸업 후 취업을 준비하고 있든' 무언가를 맹목적으로 하기보다는 '어떠한 길'을 구체적으로 찾아볼 것을 얘기하고자 합니다. 그래서 여러분이 원하는 것은 명확히도 알고 있지만, 그것을 위해 당장 무엇을 해야 할지 모르는 여러분께 '정당한 길'을 보여주고 그 길을 함께 걷고자 합니다.

Q. '문송이'라는 서글픈 신조어에서도 엿볼 수 있듯 문과생들의 고충이 매우 큽니다. 대한민국 문과생에게 특별히 건네고 싶은 말씀이 있는지요?

A. 여러분은 20년 넘게 자신과 미래에 대해 생각해볼 겨를도 없이 지금까지 달려왔습니다. 현재 주어진 과제를 충실히 이행하는 것을 당연한 의무로 받아들이고, 당장 눈에 보이는 달콤

함 정도는 포기해 왔습니다.

대학에서 공개적으로 제시된 과제는 학점이었고, 공공연히 사회와 주변에서는 영어와 그 밖의 많은 스펙을 추가적으로 요구했습니다. '내가 어떻게 될지 모른다'는 미래에 대한 막연한 불안감과 두려움은 계속 가중되고, 당장 여러분의 눈앞에 주어진 과제는 최소한 해야 하다 보니 결국 학점에 몰입하게 됩니다.

사회 진입에 임박하게 되면, 문과생은 정작 마땅한 스펙이 없음을 비로소 깨닫게 됩니다. 눈에 보이는 과제만을 수행하는 것이 본능이 되다보니, 보이는 게 없는 막연한 상황과 맞닥뜨리니 두렵기만 합니다. 결국은 명확한 기준으로 스펙은 상관없이 점수만 좋으면 뽑힐 수 있는 공시로 어쩔 수 없는 선택이 강요됩니다. 대학에 입학해 청춘의 가장 소중한 세월 동안 학점만을 충실히 이수해왔는데, 결국 학점과 전혀 상관없는 선택에 처해지는 것입니다.

맹목적으로 오직 학점을 따기 위해 대학 생활을 올인하는 우려를 범해서는 안 됩니다. 저는 학교 안에서 '진짜 스펙'을 쌓는 방법을 제안합니다. 이는 자신의 학부 전공을 고려하되, 향후 자신만의 '진짜 스펙'을 위해 대학의 많은 수업을 살펴보고 자신에게 필요한 진짜 공부를 선택하고 설계해보았으면 하는 바람입니다.

Q. 교수님께서는 이 책에서 공기업 취업에 대해 많은 부분을 할애하고 있습니다. 혹시 문과생 모두가 공기업을 목표로 하라는 건지요?

A. 문과생 여러분 모두가 공기업을 목표로 달리라는 말은 절대로 아닙니다. 여러분이 자신의 진짜 스펙이 아닌 허망한 무언가를 강박적으로 쫓는 모습을 매번 지켜보면서, 저는 '방법'을 찾고 싶었습니다. 그것이 100%의 정답이 아닐지라도 여러분께 어떤 길이 있음을 알려드리고 싶었습니다. 이를 위해 공기업을 한 방편으로 질문을 던지고자 합니다. '공기업이 우리가 그리도 집착하던 스펙을 안 보겠다고 하니, 그럼 무엇을 봐야 하느냐?'가 질문의 핵심입니다. 이 질문은 문과생 모두에게 던지는 근원적인 질문입니다. '누구나 알고 있는 스펙, 그래서 누구도 완벽할 수 없는 허망한 스펙이 아닌, 무엇을 좇아야 하는 것인가?'

정말로 여러분이 자신과 미래에 대해 충분한 고민과 성찰 이후에도 여전히 학점과 영어 점수가 중요하다면 동의합니다. 제가 말씀드리는 것은 그런 고민조차 없었던 지금의 우리 모습을 보자는 것입니다. '블라인드 채용이 미래에 진짜로 대세가 될 것인가?' '만약 대세가 되지 않으면 나의 대학 생활은 공중으로 날아가는 것 아닌가?' 하는 걱정과 염려가 있을 수 있지만 그런 질문들은 좋은 출발입니다. 여러분은 채용 방식에 상관없이 자신만의 전공과 능력을 어떻게 쌓아가야 할지, 어떤 것을 보완할지에 대한 진지한 고민이 시작된 것입니다. 여러분에게 공기업이라는 일종의 방편을 안내한 것은, 여러분이 스스로 구체적으로 걸어가야 할 길을 찾는 방법을 안내하기 위함이었습니다.

Q. 정말 모든 기업들이 '블라인드 채용 방식'을 채택하게 될까요? 블라인드 채용이 일시적 유행에 그칠 수도 있지 않나요?

A. 문과생이라면 당연히 최근 기업에서 급속히 확대되는 '블라인드 채용'이 지속적으로 확대되고 정착될 것인지에 대해 불안감이 클 것입니다. 더구나 블라인드 채용이 생각과 달리 일시적 유행에 그치고 만다면 이를 믿고 승부를 걸었다가 자칫 '학점'과 '영어'라는 중요한 스펙마저도 모두 놓칠 것이라는 두려움이 생길 수도 있습니다.

그렇지만 이는 진짜 스펙을 몰랐던 지금까지의 문과생으로서 가지는 막연한 우려일 뿐입니다. 학교에서는 자신이 주도적으로 선택한 전공, 즉 직무에 초점을 맞춰 이론을 습득하고(자신의 학부 전공을 고려하되 선택적 수강 편성을 의미합니다), 학교 밖에서는 자신이 선택·배합한 전공과 직무에 부합하는 인턴 경험을 통해 실무, 즉 직무 수행 능력을 갖춘다면 이는 시대를 초월한 스펙을 쌓는 것이 아닐까요?

블라인드 채용은 이제부터 분명히 트렌드가 될 것입니다. 기업과 사회는 급속히 변화하는 환경에 더 빨리 대처하기 위해 직무 수행 능력을 보다 강조할 수밖에 없습니다. 물론 기업들이 새로운 채용 방식을 모두 채택하기는 어려울 것입니다. 다만 분명한 점은 기존의 스펙이라고 믿어왔던 학벌과 학점보다는 이제는 직무 능력을 중심으로 사람을 보려는 움직임이 점차적으로 가속화된다는 것입니다. 블라인드 채용을 통해 이미 혁신을 꾀하고 있는 '공기업'을 하나의 방편으로 삼은 이유는 '문과생이 갖춰야 할 진짜 역량'을 강조하기 위함이었습니다.

Q. 영어영문학과, 사회복지학과, 신문방송학과, 철학과 등 문과에 재학 중인 문과생이라면 취업을 위해 복수전공, 부전공, 연계전공 등을 해야 할까요?

A. 과거에는 자신의 기존 전공에 추가해 '경영학' 등을 복수전공 하면 취업하는 데 유리한 면이 있어 많이 해왔습니다. 실제 졸업증명서에 표기되는 주전공과 더불어 부전공도 인정받았습니다.

그렇지만 지금은 자신이 수강했던 과목을 구체적으로 제시하거나 어필하는 추세입니다. NCS 기반 입사지원서나 자기소개서에도 흔히 '직무 관련 이수 과목'에 대해 기재할 것을 요구하고 있습니다. 앞으로는 점차 실질적으로 직무와 관련된 강의를 자기 주도에 의해 체계적으로 수강하는 것이 유리할 것입니다. 물론 여러분의 학부 전공을 우선적으로 고려하되, 자신의 직무 전공을 부각시킬 수 있는 수강 과목을 선택적으로 설계해야겠지요. 뿐만 아니라 '진짜 스펙'에서 강조한 '문과생으로 갖춰야 할 역량'에 대해서 기본적으로 게을리 하지 않았으면 하는 바람입니다.

Q. 어찌 보면 좀 뒤늦은 후회 같기도 하지만, 문과생들은 애초에 문과가 아닌 이과로 갔어야 했을까요?

A. 물론 이과생들의 상황이 문과생들에 비해 조금은 낫다고 보지만 오늘날 청년들이 당면하는 문제와 현실은 크게 다르지 않다고 봅니다. 다른 관점에서 보자면 앞으로 제4차 산업혁명이 점차 가시화된다고 볼 때, 이과생들은 나름대로 준비와 대응을 생각해볼 수 있지만 문과생들에게는 난감하기 짝이 없을 수는 있겠습니다.

제 경우를 예로 들어보겠습니다. 저는 학부 때 자연과학대학에 속해 있는 해양학과를 다녔습니다. 그런데 연구 대상이 '해양(바다)'일 뿐이었습니다. 수학 및 해석학, 응용통계학, 물리학 및 역학, 화학, 지질학, 생물학 등 모든 자연과학 분야의 과목을 이수해야 했고, 심지어 일부 공학 과목까지도 전공으로 수강해야 했습니다. 물론 대부분 정규 수업과 병행되는 실험 과목을 들어야 했고, 많은 시간을 밤늦게까지 실험실에서 보내야 했습니다.

지금의 이과생들 중에도 자신의 관심과 흥미는 물론이고 적성도 문과 성향인데 이과로 진학해 여러가지로 마음 고생하는 경우가 많습니다. 만약 현재의 문과생이 '이과로 진학했더라면 좋았을 텐데' 하고 후회 비슷한 감정을 갖는다면 이는 실제로 자연과학이나 공학에 직접 맞닥뜨려보지 않았기 때문일 수도 있습니다. 비단 적성 문제를 떠나 인간과 사회에 흥미가 있는 사람은 실험실 환경을 버텨내기가 쉽지 않습니다. 오늘날 문과생이 힘든 역경을 맞고 있지만 사람은 자신이 좋아하고 잘할 수 있는 일을 해야 하지 않을까요?

Q. 문과생들에게 회계학이나 통계학을 기본 체력으로 익힐 것을 이 책에서 당부하셨습니다. 그 이유에 대해 자세한 말씀 부탁드립니다.

A. 저는 이 책에서 문과생에게 특히나 어려운 숫자 학문인 회계학이나 통계학을 기본 체력으로 요구하기도 했습니다. 이 2개 영역은 우리가 숫자가 싫다는 이유로 피하는 과목이 되서는

안됩니다. 통계학은 미래 산업과 기술 변화를 염두에 두고 쌓아야 할 기본 체력으로 보고, 여기서는 회계학에 대해서만 말해보겠습니다.

회계를 모르면 기업의 3대 보고서, 즉 연차보고서나 애널리스트 보고서에 대한 접근 자체가 안 됩니다. 문과생들 중에는 연차보고서나 애널리스트 보고서를 한 번도 읽어보지 않은 분이 많습니다. 회계를 하는 목적이 기업 내·외부의 각 주체와 기능들이 의사소통하기 위함이고 그 결과가 재무제표, 사업보고서, 연차보고서, 애널리스트 보고서 등으로 나타나는 것입니다. 연차보고서나 애널리스트 보고서를 읽고 공부하고 의사소통해야만 기업의 문을 두드릴 수 있습니다. 그나마 회계를 공부했던 문과생들도 재무제표를 작성하는 수준에서 공부를 마무리합니다. 그렇지만 이는 젓가락을 쓰는 방법만 배우고 실제로 젓가락을 써서 음식을 먹어본 적이 없는 것과 마찬가지입니다. 음식을 실제로 먹는 행위는 '3대 보고서를 읽고 이해하는 행위'와 같습니다.

'회계'라는 공통 언어를 배워 기업을 이해해야 자신에게 부여된 직무 능력을 향상시킬 수 있습니다. 꼭 실행했으면 하는 바람입니다.

Q. 취업하려면 면접이 아주 중요하다고 강조하셨는데, 지원자들이 서류 지원이나 면접 때 자신도 모르게 잘못 말하는 게 있을까요?

A. 지원자들이 인터넷에서 돌아다니는 문구를 많이 차용하다보니, 잘못 이해하고 오용하는 것들이 있습니다. 다음은 대표적인 2가지의 예입니다.

첫째, 유명인사의 격언이나 사자성어로 이야기를 시작하는 것입니다. 물론 지원자들은 자신의 좌우명을 언급하기 위해서 선의로 또는 자신감에서 그렇게 말을 하게 되지요. 그렇지만 대부분의 면접관은 불편해한다고 합니다. LG전자의 인사 담당자는 다음과 같이 말합니다.

"입사지원서나 자기소개서를 살펴보면, 유명인사의 격언으로 시작하는 경우가 상당히 많습니다. 또한 면접에서도 자기소개를 이러한 격언으로 시작하기도 하고요. 아마도 지원자들이 자기 자신을 설명하기 어렵다보니 유명인사의 말을 빌려 쓰는 듯 싶습니다. 그러나 어떠한 상황이든 이러한 말들은 결국 득이 되지는 않는 것 같습니다."

면접관이나 심사자들은 오히려 지원자로부터 격언이나 사자성어와 같은 말을 듣게 되면 사회 경험이나 인생 경험이 많은 본인들을 가르치려는 느낌을 받는다고 합니다.

둘째, "뼈를 묻겠습니다." "○○기업과 평생을 함께 할 것입니다." 등의 과잉 충성적인 발언입니다. 포스코의 임원 한 분은 신입사원 면접에 참여할 때 이러한 말들을 많이 듣는데, 다소 난감하다고 합니다. '포스코가 묘지나 납골당이 아니고서야 왜 뼈를 묻어야 하는지' 오히려 의문이 간다고 합니다. 자칫 이러한 말들은 신뢰감을 떨어뜨릴 우려가 큽니다.

면접관들은 조직 생활에 상당히 접어든 베테랑 분들이자 의당 기업과 조직에 헌신적인 분임에 틀림없을 것입니다. 그렇지만 난생 처음 대면하는 지원자로부터 지나치게 과잉 충성적인 발언을 듣게 되면 면접관들이 오히려 당혹감을 느낄 수 있습니다.

Q. 문과생들이 통상 선호하는 좋은 기회의 인턴 경험을 쌓기가 어렵습니다. 혹시 눈높이를 낮춰서 인턴을 하게 되면 나중에 오히려 불이익을 당하지는 않을까요?

A. 학생들과 상담하다보면 인턴에 대한 공통적 인식들이 있습니다. 다음과 같이 크게 2가지를 들 수 있습니다.

첫째는 기업 입사와 마찬가지로 인턴의 경우도 주변의 시선을 의식한다는 것입니다. 아무래도 또래집단과 생각을 같이하고 주변을 계속 의식하면서 성장해왔기 때문에 불가피한 면이 있습니다. 살아오면서 주변에서 자신을 바라보는 인식이 곧 자신의 정체성이 되어왔기 때문입니다. 큰 성장을 하기 위한 의미 있는 과정으로 인턴 경험을 바라봐야할 것입니다. 주변을 의식하기 보다는 내가 인턴을 통해 진짜 스펙을 쌓기 위해 노력해야 합니다. 그동안 인턴의 중요성을 간과해왔다면 자신이 선호하는 산업 또는 직무와 관련된 인턴 경험이야말로 자신을 차별화할 수 있는 강력한 무기임을 상기해야 합니다.

둘째, 의외로 많은 학생이 인턴 기업의 수준에 대해 염려가 있습니다. 인턴 경험을 쌓기가 어려우니 일단 눈높이를 낮춰봅니다. '자칫 눈높이를 낮춰서 인턴 경험을 쌓았다가, 나중에 정작 자신이 가고 싶은 기업의 뽑는 분의 입장에서 수준이 낮은 기업을 다녔으니 자신을 폄하하지 않을까' 하는 걱정이 있기 때문입니다. 하지만 이는 단연코 기우(杞憂)일 뿐입니다. 미래에 여러분의 선배님이 될 분들은 관련 현장과 직무 경험을 다른 무엇보다도 중요시합니다. 누구든 기업 일선에서 부딪혀 일을 하는 분이라면 그러한 경험을 존중하기 마련입니다. 그래서 요즘의 청년 중에 심지어 관련 산업의 생산 현장에서 경험해본 지원자가 있다면 오히려 그 정신을 높이 삽니다. 사회와 부딪히는 소중한 인턴 경험을 쌓아봅시다. 제대로 부딪혀 봐야 합니다.

Q. 취업 준비를 한답시고 토익에 올인하지 말 것을 강조하셨는데, 그렇다면 영어 공부는 어떻게 해야 할까요?

A. 대한민국 사람이라면 대부분의 세대가 어릴 때부터 영어 점수에 대해 압박을 겪어왔습니다. 물론 과거의 문법 및 독해 지향의 학습에서 어느 정도 탈피해 듣기와 말하기 중심으로 변화가 이루어지긴 했습니다. 그럼에도 불구하고 여전히 영어는 대학입학을 위한 수능 영어 점수나 취업이나 승진을 위한 토익 점수로 귀결되고 있는 현실입니다.

'영어를 모국어로 쓰는 나라의 국민들은 얼마나 좋을까'라는 생각이 가끔은 듭니다. 그들은 적어도 영어를 평생 짊어져야 할 부담스러운 공부로 생각하지는 않을 테니까요. 그런데 관점을 한 번 바꿔볼까요? 우리도 외국인처럼 영어를 필요로 혹은 재미로 그냥 쓰면 어떨까요? 본래 인간은 식욕과 맞먹을 만큼 자기 표현의 욕구가 있다고 합니다. 어떤 언어를 쓰든 중요한 것은 아닐 것입니다. 소통 방법의 문제니까요. 즉 영어로도 다른 사람과 즐겁게 의사소통하고 어느 정도라도 자기 표현을 하게 되면 만만찮은 기쁨을 맛보게 되겠지요.

이제는 점수를 높이는 영어가 아닌 의사소통을 하기 위한 영어를 해봅시다. 대단한 비결을 찾기 이전에 우리의 의도를 달리 해봅시다. 한 분의 이야기를 해보겠습니다. 무역사업을 하던 윤재성 원장은 어설픈 영어실력 탓에 100만 달러를 어처구니없이 날리고 40살에 다시 영어를 배우기 시작했다고 합니다. 8년간 노력해서 얻은 지극히도 단순한 깨달음은 바로 '영어는 소리다'입니다. '단어나 문법을 달달 외우는 것'이 아니라 '소리를 그대로 흉내 낼 수 있을 정도로 반복해서 듣고 따라하는 것'이 그가 깨달은 영어 잘하기 비결입니다.

영어의 스펙은 점수가 아닙니다. 말하고 듣고 의사를 표현하는 것이 진짜 스펙입니다. 여러분이 영어로 소통할 수 있다면 면접장에서 당당히 영어로도 말해봤으면 합니다.

사회의 천덕꾸러기가 된 문송이는 정말 열정이 없을까?

하버드 대학을 중퇴하고 페이스북을 창업한 마크 저커버그처럼

무모한 용기를 내는 것만이 문송이의 열정을 증명하는 길일까?

역설적인 상황이지만 우리 청년들이 공무원 시험 도전에

그토록 용감해지는 이유는 그게 그들의 '목숨'이기 때문이다.

묻고 싶다. 우리의 미래를 누가 막다른 길로 몰았는가?

1장

공기업이라는
잠정적 목표를 가져보자

문송이들은
정말 열정이 없는 걸까?

투자회사 로저스 홀딩스Rogers Holdings의 회장 짐 로저스Jim Rogers는 '월가의 전설'에 오른 세계적인 투자의 귀재다. 그는 KBS TV 의 〈명견만리〉에 출연해 "청년이 공무원 되려는 한국은 전혀 매력적이지 않다"고 말하면서 한국의 청년들이 안정만을 추구한다고, 열정이 없다고 질타했다.

놀랍기도 하고 부끄럽기도 하다. 뭔가 반성이 필요하다는 생각도 든다. 그렇지만 짐 로저스의 질타에 대해 무조건적으로 반성하기 이전에 우리 현실에 대해 잠깐 생각해볼 것이 있다. 다음은 중앙대 2학년에 재학중인 '문송이' 김선호(가명)의 말이다.

"문과를 비롯한 대부분의 학생들은 어려서부터 정해진 틀을 준수하며 학습을 이어가고 있습니다. '내가 좋아하는 것'을 하기보다는 '학업에 더욱 도움이 되는 것'을 하기를 강요받고 이에 대해 고통스러워하지만 나중에는 자기 최면을 걸어가면서까지 결국 그 길을 따라 참고 걷습니다. (중략) '내가 내일을 위해 당장 오늘 무엇을 갖추어야 할 것인가'라는 고민은 매우 중요하다고 생각합니다. 이 고민은 장차 생존에 대한 고민이며 당장 사회에 한 발 나아가야 하는 모든 학생들에게 있어서도 상당히 중요한 고민거리라고 생각합니다. 하지만 오랜 시간동안 정해진 틀에 맞추어 살아온 학생들에게 있어 갑작스레 열정을 가지고 새로운 내일을 만들어 나가라고 하면 당혹스럽기 그지없습니다."

대한민국의 문과생은
무성의한 삶을 산 것인가?

문송이는 정말 열정이 없을까? 주변에서 문송이를 걱정하는 분들조차도 "내가 좋아하는 일에 열정을 가지고 덤벼야 한다"고 진심어린 조언을 한다. 그저 정해진 틀에 맞추어 열심히 살아온 문송이지만 적어도 좋아하는 일 정도는 자신 있게 말할 수 있어야 한다는 것이다. 20년 이상 살면서 열정을 바치도록 좋은 일이 없다는 것이 도대체 말이 되냐는 질타는 수도 없다.

그만큼 문송이는 성의 없이 자신의 삶을 살아온 셈이다. 사실 맞는 말이다. 나름대로 열심히 살아온 것이라 믿었지만 결국 무성의한 삶을 산 것이다.

문송이들은 내일에 생존하기 위한 '수단' 자체가 극히 제한적이고, 이 '수단'을 차지하기 위한 경쟁이 매우 치열한 것이 사실이다. 이런 현실에서 격렬하게 발버둥치고 있는 문송이들을 향해 오히려 사람들은 좋아하는 일은 물론 열정도 없고 오직 안정만을 추구한다며 조롱하고 비난하는 것이다.

목숨을 불사르는 '불나방'이 되라고
모두가 말한다

그렇다면 짐 로저스의 질타에 깊이 반성하며 과연 미국의 청년들처럼 청년 스타트업을 꿈꿔야 할까? 고등학교 스펙의 연장선 위에서 발버둥치고 있는 문송이가 이제 와서 일찌감치 하버드 대학을 중퇴하고 페이스북을 창업한 마크 저커버그를 따라해야 할까? 그런 것만이 우리의 열정을 불태우는 것일까?

마크 저커버그를 따라하는 문송이를 상상해보면, 그 장면은 마치 조국을 위해 죽음도 두려워하지 않았던 잔 다르크가 연상된다. 15세기 백년전쟁기에 영국과의 싸움에서 궁지에 몰린 프랑스를 구해낸 소녀 잔 다르크. 당시 그녀는 귀족도 아니었고 남자도 아니었으며 아무런 전쟁 경험과 기술도 없이 핍박받는 민중의 딸이었다. 아마도 선뜻 나서지 않는 우리나라의 현실에서 마치 잔 다르크처럼, 조국의 미래를 위해 아무런 경험과 기술도 없이 용기와 열정만으로 스타트업 전장에 뛰어드는 우리의 문송이 모습과 흡사하다.

청년이기에 잔 다르크의 정신을 가져야 한다고 모두들 기대한다. 그래서 문송이는 어떠한 지식이나 확신도 없는 길을 애써 찾아서 청춘을 불살라야 한다. 우리가 살아온 틀과 전혀 상관 없이 문송이는 불꽃에 뛰어드는 '불나방'이 되어야만 한다.

문송이는 열정이 없다는 말은 맞다. 아니, 맞다고 치자. 하지만 나는 지금부터 이렇게 말하고 싶다. "설령 비겁하다는 말을 듣더라도 그러한 열정은 가질 필요 없다." 그래서 문송아, "네게는 열정이 없다." "넌 비겁하다." 등의 말을 겸허히 받아들였으면 한다.

Just do it!

오늘부터 "넌 비겁하다"라는 말을 받아들이자. 우리는 하루살이가 아니잖아.

문과생 그대!
네 꿈은 뭐지?

김난도 교수님이 『아프니까 청춘이다』라는 책에서 말한다. "미래가 이끄는 삶, 꿈이 이끄는 삶, 열망이 이끄는 삶을 살아야 한다. 열망에는 아픔이 따른다. 그 아픔이란 눈 앞에 당장 보이는 달콤함을 미래의 꿈을 위해 포기해야 하는 데서 온다."

김난도 교수님은 기나긴 인생을 염두에 두고 자신의 꽃을 피울 것을 다음과 같이 조언한다. "고(故) 김대중 대통령이 노벨상을 수상했던 것은 2000년, 그의 나이 76세이리라. 중요한 것은 얼마나 빨리 가느냐가 아니다. 마지막에 어떤 꿈을 이룰 수 있느냐."

이어 말한다. "자신만의 꿈을 좇아 일 자체의 즐거움을 추구해야 한다. 결코 안정에 얽매어 성급히 직업을 선택해서는 안 된다."

다 맞는 말이다. 이 말들에 어떤 의심이 필요한가? 당연히 미래의 꿈과 내 열망이 이끄는 삶을 살아야 한다. 단지 생존을 위

한 삶은 아니어야 한다. 왜냐하면 단 한 번뿐인 소중한 삶이기 때문이다.

누군가 그리도 내게 묻는 말,
"네 꿈은 뭐냐?"

문송아, 네 꿈은 뭐냐? 그동안 수없이 추궁받았던 질문 아닌가. 나를 너무나도 아끼는 분들은 당연히, 그리고 내게 아무런 관심 없는 분들조차도 내게 이런 질문을 한다. 그런데도 생각이 많이 부족했던 것 같다. 뭔가에 너무나 바쁘게 살아와서 20년 이상 동안 미처 생각을 제대로 못해봤다.

'정말 내 꿈은 뭐지?' '내 열망이 뭐지?' 하지만 꿈꾸기에 앞서 문송이는 지금도 아프다. 아픔이란 것이 눈앞에 당장 보이는 달콤함을 무언가를 위해 포기해야 하는 것이라면, 문송이는 지금까지도 충분히 아파왔다.

그런데 언제 우리가 당장의 달콤함을 추구해왔을까? 생각해보면 미래를 위해 당장의 아픔을 20년 이상 견뎌온 것이다. 그렇다고 고(故) 김대중 대통령처럼 너무나도 아득한 76세의 꿈을 위해 희생한 것은 아니지만.

그렇게 나름 오랫동안 아파왔고 지금도 아픈데, 꿈과 열망은 왜 없는 것일까? 물론 막연한 불안감에 공시나 고시를 준비할까 많은 고민도 했지만 지금이 항상 급하고, 모든 문제를 지금의 형편에 맞출 수밖에 없었다.

◇◇◇◇◇◇

내게는 너무나도
사치스러운 꿈

그래서 안다. 지금 당장 무엇을 해야 하는지를. 그리고 자기 형편에 맞지 않는 꿈이 뭔지를 정확히 안다. 그건 그들의 본능이 되었다. 자기 형편에 맞지 않는 일이 무엇인지를 문송이는 누구보다도 더 잘 알고 있는 것이다.

예를 들어 로스쿨을 진학해도 되느냐고 스스로에게 물을 필요가 있을까? 자신이 할 수 있는 일은, 로스쿨에 진학해서 자격을 획득해도 로펌에 들어가기 쉽지 않다는 언론 기사를 통해 그저 자신이 의도치 않았던 선택이 옳았다고 자조적 기쁨을 얻는 정도 아닌가. 아니면 역경에도 불구하고 로스쿨에 진학했지만 소득이 없었던, 혹시나 자신같은 흙수저를 비웃는 비열한 인간이 되는 것이지.

공시를 선택해야 했던 수많은 문과생들은 진정 공무원이 되는 것이 그들 평생의 염원이었던가! 많은 친구들이 용감하게도 미련을 버렸을 것이다. 자신의 형편에 할 수 없는 일을, 그리고 꿈꾸지 말아야 하는 일을. 그래서 마침내 '공시'가 답인 것이다.

짐 로저스는 "한국 청년들은 모두 안정적인 공무원을 꿈꾸는데, 이런 경우는 세계 어디에도 없다"고 하며, 오히려 "수백 대 일의 경쟁률에 용감하게도 뛰어드는 한국 청년들은 정말 도전적이다. 나로서는 도저히 할 수 없는 일이다"라고 말했다. 역설적인 상황이지만 우리 청년들이 그토록 용감해지는 이유는 그게 그들의 '목숨'이기 때문이다. 우리의 미래를 누가 막다른 길로 몰았는가?

문송아, 미안하다. '너희들에게 무엇을 선택하면 안 되는지'를 알려준 어른으로서, "사치스러운 미련을 버리고, 너의 형편에 맞게 해"라고 그렇게도 확실히 알려준 어른으로서 미안하다.

난 문송이의 선생으로서 이제라도 무작정 네가 원하는 곳을 택하라고 말할 수가 없다. 아니, 절대 그렇게 말하지 않을 것이다. 그렇게 말하는 것은 무책임이자 방관이니까.

Just do it!

혹시라도 '공시'를 준비할 계획이라면, 지금의 상황에서 단지 '다른 대안이 없어서' 그렇게 할 것인지 잠깐만 멈춰서 생각해보자.

제4차 산업혁명이라는데 웬 공기업 타령?

다가올 미래는 우리 모두의 미래다. 그런데 문송이들은 상상하기도 어려운 미래가 곧 다가온다고 한다. 아무리 설명을 들어도 도대체 영문을 모르는 용어들이라 무슨 이야기인지 감이 안 온다. 다양한 기술 융합의 형태로 기존 영역의 경계를 뛰어넘는 제4차 산업혁명이 곧 현실로 이루어진다고 한다. 잘은 모르겠지만 인공지능·사물인터넷·나노기술·로봇·빅데이타·드론·자율자동차·블록체인 등이 제4차 산업혁명을 주도할 기술로 끊임없이 언급된다.

공대 친구들이야 무슨 이야기인지 잘 알겠지만, 문송이는 기술이라면 근처에도 가기도 싫다. 하지만 제4차 산업혁명을 대비하지 않으면 왠지 큰일이 날 것 같다. 세상이 이렇게 제4차 산업혁명으로 시끄러운데 가만히 있을 수도 없는 노릇이다. 새로운 혁명과 변화의 소용돌이 속에서 '루저'가 되는 게 아닐까 싶어 진짜 두렵다.

이제라도 EBS TV에 출연하는 유명연사나 미래학자들이 말씀하시듯이 딥러닝deep learning 기초라도 배워야 할지 그저 고민이다. 미래의 엄청난 변화에 대비해 재빨리 움직이고 준비하고 대응하지 않으면 안 되는데 말이다. 선무당이 사람 잡는다고 하지만, 선무당의 입장이라 하더라도 빨리 덤비지 않으면 그건 곧 미래가 없는 것이다.

◇◇◇◇◇◇

공무원은 평생 보장되잖아?

제4차 산업혁명과 상관없이!

물론 뜻밖의 대응법이 있기도 하다. 제4차 산업혁명이고 뭐고 대응할 필요 없이 공시를 준비하겠다고 선언하는 것이다. 이는 일체의 무대응법이라 할 수 있다. 너도 나도 공시에 뛰어들어 경쟁률이 사상 최고라지만 일단 합격만 하면 골치 아픈 생각할 필요도 없이 죽을 때까지 인생이 보장되는 것 아니냐는 것이다.

그렇지만 문송아, 한 번 생각해보자. 주변의 동(면)사무소에 수행되는 많은 수작업이 과연 언제까지 지속될 수 있을까? 물론 전국의 구청이나 동(면)사무소의 업무가 전산화되어 왔지만 대민 창구업무는 여전히 기술 변화의 혜택을 입지 않고 있다. 쉽게 말해 주민등록등본을 발급받자면 동사무소에 나가야 하고, 해당 공무원의 창구 업무가 필연적으로 뒤따른다. 향후 제4차 산업혁명에 따른 공유 및 인증 기술의 혁신으로 인해 더 이상 종이 증빙을 발급받아 제출할 필요가 없어질 것이다. 즉 단순히 수작업 업무가 전산화되는 수준을 넘어서 종이 자체가 필요 없어진다.

정확히 언제쯤 이러한 노페이퍼No-paper적 혁신이 도래할 것인지는 모른다. 그렇지만 굳이 공무원 인력을 유지시키기 위해 법으로 애써 기술 적용을 막지 않는다면 그때가 멀지 않았음은 자명하다. 이러한 현실에서 현재의 공무원 인력이 미래에도 그대로 유지되어야 할지에 대해서는 잘 모르겠다.

◇◇◇◇◇

구글 마인드로 용감하게
기술적 창업을 하라?

전혀 다른 대응법을 생각해보자. 급격한 기술 변화 속으로 과감히 뛰어들어 새로운 기술을 습득해 청년 스타트업을 하는 것도 가능하다. 이는 기존의 치킨집이나 카페가 아닌 기술적 창업을 말한다. 필요하다면 미국의 실리콘밸리에 직접 들어가 현장에서 직접 배우거나 다양한 방법을 통해 '구글 마인드'를 습득하는 것이다.

물론 이러한 급격한 대응이 불가능한 것은 아니지만, 문송이가 보기에는 이것이야말로 턱없어 보인다. 기술_{technology}적으로 말이지.

기술이 두려운 문송이가 미국의 실리콘밸리에 용감하게 뛰어들 수 있는 일은 해외기업 입사에 도전하는 것이다. 이것도 경영관리 등 전통적인 문송이의 영역에서나 가능한 것 아닐까? 국내냐 해외냐의 차이일 뿐, 궁극적으로 전문 분야나 직무가 달라지는 것은 아닐테니 말이다.

◇◇◇◇◇◇

초일류기업이면
문제없을까?

삼성, LG, SK, 현대차 등 민간 대기업 취업을 고민하는 방법도 있다. 어차피 일류 기업들은 제4차 산업혁명을 알아서 잘 대비할 테니, 이러한 일류 기업에 입사해 조직의 일원으로 함께 대응하는 것이다.

물론 일류기업들도 과거의 엄청난 성과에도 불구하고 미래의 지속적 생존을 위해 감내해야 할 부담감이 엄청나다. 만일 기업이 미래의 방향을 잘못 잡게 되면 생존을 보장할 수 없다. 그야말로 생존을 위해 치열하게 노력해야 한다.

문제는 대기업에 들어가기가 녹록치 않다는 것이다. 일부 대기업에서는 직무 능력을 우선시하는 블라인드 채용을 부분적으로 적용하기도 하나, 기록적인 공인영어점수와 엄청난 장벽의 인·적성시험을 통과하기가 어려운 데다가(불행하게도 이는 수능 시험이나 IQ시험으로 통한다) 학벌 프리미엄도 직·간접적으로 무시할 수 없다.

사회적 분위기와 상관없이 대기업 입장에서는 획일화된 교육을 받으며 유사한 스펙을 가진 수많은 지원자들 중에서 선별해서 신입직원을 선발하려면 부득이하게 소위 '머리 좋고 학벌 좋은 사람'을 뽑을 수밖에 없다. 창의적이고 직무 영역에 적합한 사람을 뽑겠다고 하지만 현행 프로세스상 수많은 지원자들 중에서 이들을 정확히 선별할 뾰족한 방법은 그리 많지 않다.

결국 머리 좋고 학벌 좋은 지원자 중에서도 훌륭한 스펙을 갖춰야지만 '최소한'의 가능성과 자격이 있다는 이야기다. 어쩌면 대기업의 신입직원이 된다는 것은 금수저 아이들의 영역이 아닐지 조심스럽게 예단해본다.

그렇지만 대기업에 대한 미련을 버리라고 하는 말이 아니다. 나중에도 말하겠지만 앞으로 모든 기업이 '블라인드', 즉 '스펙 태클 채용'으로 급격히 선회할 것으로 예견되고 있다. 벌써 그러한 변화의 기운이 너무도 강하게 보인다. 이렇게 스펙태클 채용이 전 기업으로 번지면 과연 어떤 능력이 요구될지에 대해 차차 이야기하기로 하자.

◇◇◇◇◇◇

제4차 산업혁명은 모르겠지만
공기업은 채용시장 변화를 주도한다

그렇다면 공기업을 생각해보자. 공기업은 대표적으로 한국전력, 한국가스공사, 한국석유공사, 한국도로공사, 한국수력원자력, 인천국제공항공사 등 소위 공공재를 생산해 공급하는 기업군이다. 이들은 공공재를 공급하고 관리해서 적정 이익을 창출하는 국가 기간 산업군이다. 큰 범위에는 포스코, KT 등 민영화된 공기업도 포함된다고 볼 수 있다.

이들 공기업이 생산하는 재화, 즉 철·전력·석유·가스·도로·공항·항만시설 등 공공재는 그 자체가 대체되거나 혁신적으로 다른 형태로 진화되기는 어렵다고 할 수 있다. 오늘날의 IT기기 같이 기존의 형태에서 진화는 물론 심지어 완전히 다른 재화로 대체되고 있는 현실과는 다소 성격이 다르다.

쉬운 예로 포스코는 철광석·코크스·석회석 등을 고로(용광로)에 넣고 제련해서 각종 철을 생산해서 판매한다. 철 같은 공공재는 인류 및 국가의 생존을 위해 필수불가결한 기본재이기 때문에 특정 민간에게 사적이익을 위해 위임하기 어려운 성격이라 보고 국가의 관리 아래 공급되어 왔고 할당되어 왔다.

이들 공기업은 역사나 기술 발전과 상관없이 대부분 대체불가능한 영역의 재화를 생산해서 공급한다. 물론 기술 발전에 따라 생산 공정이나 업무자동화가 불가피하지만 민간 기업들이 직면하는 '재화 자체의 대체(또는 혁신적 진화)'라는 위험에 당장 직면해있다고 보기에는 어렵다. 따라서 제4차 산업혁명의 도래에도 불구하고 공공재는 어느 정도 필수불가결하게 유지되어야 할 필요가 크므로 공기업이 당장 도태될 것이라는 걱정은 크게 하지 않아도 된다.

더구나 공기업의 신입직원을 채용하는 방향은 명확하다. 즉 NCSNational Competency Standards 기반 및 블라인드 채용이 바로 그것이다. 무슨 이야기인지 잘은 몰라도 '머리 좋고 학벌 좋은 사람이 훌륭한 스펙'을 갖춰야만 해볼 만한 것은 아닌 정도로 일단 이해하자.

지금 공기업을 염두에 두고 준비하면, 나중에는 사회가 너의 준비된 능력을 기꺼이 반길 것이라 믿어 의심치 않는다. 문송아, 제4차 산업혁명이 오는 것을 미리 두려워하지 말자. 공기업이 미래에 당장 사라지지 않으니 그리 걱정하지 말자. 더구나 공기업은 최소한 금수저만이 지원할 수 있는 건 아니잖니? 중요한 점은 앞으로 대한민국 채용시장의 급변이 예고되며, 공기업은 이미 그 변화를 실행하고 있다는 것이다.

Just do it!

지금 당장 네이버에서 '블라인드 채용'을 검색해보자. 채용시장의 갑작스런 변화에 깜짝 놀랄 것이다.

답이 없는 문과생,
해답은 공기업

대기업이 수행하는 '필터링 방식'을 들어봤지? 대기업 입장에서는 조건이 비슷한 많은 지원자들의 서류를 심사하는 일이 고난이다. 그래서 서류전형시에 출신학교, 학점, 토익 성적, 자격증, 인턴 경력, 기타 활동 등을 가중 평균한 일종의 계량적 서류전형 모형을 만들어 총점 순으로 걸러낸다. 통상 최종 선발인원의 10배수를 우선 뽑아 그 다음 단계인 인적성시험을 보게 한다(박정혁, 『절대 취업』, 2012년, 23쪽). 사실상 필터링 단계에서 지원자의 5~10%만 살아남는다고 보면 된다.

이러한 대기업의 필터링 방식은 명문대 출신일수록, 학점과 토익 성적이 높을수록 유리하다. 또한 어학연수, 자격증, 공모전 입상, 인턴, 봉사활동뿐만 아니라 심지어 성형수술 등 다양한 스펙을 갖출수록 당연히 유리하다. 이와 같은 9개 스펙을 소위 '스펙

9종 세트'라 한다. 이 때문에 그동안 많은 취준생들이 스펙 쌓기에 혈안이 되었을 수 있다. 자조적인 진단이지만 청춘들은 그야말로 취업하기 위해 스펙에 목숨을 걸고 있는 상황이다.

◇◇◇◇◇◇

'스펙 9종 세트'도 물론이거니와
'학벌'은 최소한 갖춰야 되지 않겠어?

결국 학벌을 기준으로 종합적인 스펙을 갖춰야 최소한 서류전형을 통과하게 되는 것이다. 최근에 와서는 인사과에서 지원자들의 이력서와 자기소개서를 각 부서의 담당자에게 보내 부서별 서류전형을 진행하기도 한다. 물론 그때는 학벌 및 종합 스펙뿐만 아니라 해당 직무와 관련된 경험이나 경력, 교육 및 학습 등을 중점적으로 본다. 단순히 계량화된 학벌이나 스펙에 대한 점수를 부여하는 것보다는 바람직스럽지만 이 역시 학벌이나 마땅한 스펙을 못 갖춘 흙수저들의 입장에서는 만만치 않다.

그런데 그게 다가 아니다. 문송아, 네 나이는 몇이니? 혹시 네 나이가 20대 중반을 갓 넘어섰다면 괜찮다. 그렇지만 30대를 향해 달리고 있다면 곤란하다. 회사 선배들의 나이를 넘는 수준이면 곤란할 수밖에 없다.

어쨌든 5~10%의 생존율을 뚫고 어렵게 생존했을 때, 이후 소위 IQ 시험 또는 재수능 시험이라 일컫는 진정 엄청난 난이도의 인적성시험을 통과해야 한다. 알다시피 어느 정도는 향상이 가능하겠지만 열심히 공부한다고 해도 생각보다 점수가 잘 안 오를 수 있다. 왜냐하면 이 테스트가 이미 머리 좋은 친구들의 브레인 brain에 맞춰져 있기 때문이다.

실제로 삼성의 경우 서류전형 합격자의 80% 가량을 떨어뜨린다고 알려져 있다. 그래서 삼성의 GSAT시험의 경우 매우 난이도가 높다. GSAT은 언어, 수리, 추리(언어 및 단어, 도형 및 도식), 시각적 사고, 상식의 5개 영역인데 그 중에서 변별력은 수리, 추리(도형 및 도식), 시각적 사고 영역에서 있다고 보면 된다. 물론 다른 영역도 난이도가 상당하지만, 특히나 이 영역들은 문과생에겐 완전 취약이다.

자, 네가 이렇게 인적성시험을 무사히 통과했을 때 실무면접, 임원면접을 보게 된다. 그런데 여기에 우리 사회에 알려지지 않은 공공연한 진실이 하나 있다. 그들도 알고 우리도 알고 있지만 서로 공론화시키지 않는 진실 말이다. 이런 말을 하는 게 가슴이 아프지만 흙수저인 문송이 네가 마주치는 잠재적인 너의 선배님, 팀장님 그리고 임원분들은 알다시피 대부분이 엘리트 출신들이다. 기업이 채용 제도를 바꿀 수 있겠지만 사람들의 본성을 쉽게 뜯어고칠 수는 없다. 혹시 네 학벌이 그 분들이 보기에 탐탁치 않으면 최선을 다한 너의 수고를 대수롭게 보지 않을 수도 있다. 일종의 뿌리 깊은 선입견이기 때문이다.

◇◇◇◇◇◇

이제 학벌, 학점, 나이를 안 봐.
그게 분명 대세야!

대기업의 현실을 봤으니 이제 공기업을 볼까? 공기업은 1차 서류 전형에서 지원서와 자기소개서를 제출한다. 많은 공기업들이 지원서나 자기소개서에 학교 및 학력, 학점, 나이 등을 기재하지 않도록 하고 있다. 물론 그 이후 면접 등 진행 과정에도 자신의 학교 및 학력 등을 밝히지 않는 게 원칙이다. 이게 바로 앞서 잠깐 말한 블라인드 채용이다.

공기업에 따라 어느 정도 기재 방식이 다양할 수 있지만 이제 블라인드 채용이 확대될 추세다. 왜냐하면 정부에서는 매년 공기업의 성과를 평가해서 경영진 유지 및 해임, 기업 지원 확대와 축소 등의 상벌을 가하는데 정부의 방침이 블라인드 채용을 채택하는 공기업에 좋은 점수를 줄 예정이기 때문이다.

지원서의 세부 항목을 보면 인적사항, 교육사항, 직무 능력 관련 자격사항, 경력 혹은 경험사항, 이렇게 4개 항목으로 구성된다. 자기소개서의 경우에는 회사의 인재상과 부합, 직무 관련(학교 또는 직업) 교육, 지원자의 경력 혹은 경험 등을 기술하도록 요구한다. 서류전형에 기입하는 모든 사항은 결국 직무 적합도를 알아보는 데 초점을 맞추고 있다. 다시 말해 '지원자가 공기업에 입사한다면, 관련 직무를 잘 수행할 수 있는지'를 평가하는 것이다.

국가 차원에서 'NCS'라는 이름으로, 직무별 산업 현장에서 직무를 수행하기 위해 요구되는 지식·기술·태도 등의 내용을 미리 체계화해놓고 있다(www.ncs.go.kr). 그게 바로 'NCS 기반 채용'이다. 이는 서류전형부터, 필기 및 직무능력 평가, 마지막 면접전형 단계까지 모두 직무 능력을 중점적으로 평가한다는 것이다.

서류전형에 합격하면, NCS 기반 필기전형이 있다. 공기업마다 조금은 다르지만 대개는 직무능력검사를 치르게 한다. 이는 대기업의 인적성검사와도 유사하다. 그런데 NCS 직무능력검사는 대기업의 인적성검사보다는 소위 IQ나 수능 시험 형식에서 다소 차이가 있을 수 있다. 필답고사는 전공 선택형으로 통상 과목이 제한적이고, 노력 여하에 따라 고득점이 가능할 수도 있다.

공기업이 블라인드 채용과 NCS 기반 채용을 채택하게 된다는 것은, 학벌이나 학점을 보기보다는 오직 직무에 부합되는 인재를 선발하겠다는 것이다. 즉 서류전형에서 학벌과 학점을 기재하지 않고, 추후 면접전형에서도 학벌과 학점을 모르는 상태에서 직무 능력을 보겠다는 것이다.

앞서 이야기했듯이 민간 기업도 전격적으로 블라인드 채용으로 변신을 꾀하고 있고, 앞으로는 큰 변화가 예견되고 있다. 공기업에서 이미 실행을 하고 있고, 앞으로 채용 방식이 바뀐다면 이런 방향이 될 수밖에 없다. 기존 스펙을 블라인드 처리하면 이제 봐야 할 것은 오직 '직무 능력'밖에 없기 때문이다.

앞으로의 채용시장의 변화는 학벌, 학점, 나이, 출신을 고려하지 않는다. 그렇지만 선천적인 머리나 학벌을 요구하는 것이 아니고, 직무 능력을 차근히 준비하는 게 필요한 것이다. '막연히 채용 제도의 변화가 일어나고 있군'이라고만 생각하고 나와는 상관없는 이야기처럼 방관해서는 안된다. 이제는 직무 능력을 보여줘야 어떤 기업이든 입사가 가능하다는 것을 꼭 기억해야한다.

Just do it!

다음 학기 수강신청 때도 그 수업을 오직 학점 때문에 들어야 하는지 한 번만 더 생각해보자.

문과생에게
대학은 무엇일까?

나는 경영학부에서 회계학 과목을 가르친다. '관리회계' 수업을 수강했던 한 학생의 실제 이야기다. 김연수(가명) 학생은 항상 맨 앞에 앉았고, 수업 도중에 한눈을 한 번 팔지 않는 놀라운 집중력을 보여주었다.

난 사실 혼자 공부하는 것은 어느 정도 자신이 있지만 아무리 수업이 훌륭하더라도 그렇게 집중하지 못한다. 그런데 연수 학생은 수업 내용에 대해 필기를 하는 순간 외에는 눈동자 하나 흩뜨리지 않고 수업에 집중하고 있었다.

물론 연수 학생은 예외 없이 'A⁺'의 성적을 거두었다. 학기중에 또는 학기가 끝날 즈음에 난 몇몇 학생들에게 가끔 수업에 대한 피드백을 직접 받는다. 연수 학생과도 기회가 되어, 수업에 대한 간단한 피드백을 받았다. 난 연수 학생이 이렇게 놀라운 집중력을 보임과 동시에 열심히 공부하는 게 대견해 이에 대해 칭찬을 했다.

나는 연수 학생이 적은 수업 노트가 궁금해져서, 나중에 들러 노트를 보여주기를 부탁했다. 연수 학생이 2주 정도가 지나 찾아와 "교수님 수업 때 필기했던 제 노트를 복사했습니다. 다음 수업하실 때 도움이 되면 좋겠습니다"라고 말하며 건넨 복사물을 나는 바로 봤다.

놀라웠다. 이건 기적이다. 수업 때 내가 말한 모든 내용이 그 노트에 적혀 있는 게 아닌가. 단 한마디도 빠짐없이.

<><><><>

누가 우리의 대학을
'학점' 경쟁터로 만들었는가?

난 다른 분들이 하는 어떤 강의도 그렇게 집중할 수도 없고, 더구나 그렇게 기록할 수도 없다. 정말 자신 없다. 그런데 우리의 대학에서 가장 훌륭한 학생들은 바로 '전사(傳寫, 전부 베껴 씀)'의 능력을 가지고 있다. 한국의 대학 에이스들은 모두 이 전사 능력을 가지고 있다고 보면 틀림없다.

이 능력이 뛰어날수록 높은 학점을 딸 가능성도 높아진다. 대학의 교수님들은 중간 및 기말 시험 점수에 의거해서 학점을 주기 때문이다. 지금처럼 '학점'이 학생들에게 절대적인 상황에서 교수의 주관적인 항목으로 점수를 주기는 쉽지 않다.

어쨌든 학생들은 전사하면서 한 번 공부하고, 모든 내용을 기록한 전사 노트를 엄청난 노력으로 계속 복습하면 시험에서 높은 점수를 딸 수 있다. 물론 다른 일이 바쁘거나 혹 귀찮아서 전사를 못하게 되면 그건 본인이 감수한다. 정당하게 받아들인다.

그런데 생각해보자. 사회는 학생들을 이와 같이 '시험 벌레'로 키워놓고는 정작 이들의 수동적 태도를 경멸한다. 지금의 학생들은 유치원 입학부터 수능까지 시험에 길들여져 왔다. 그리고 대학에 와서도 여전히 취업 현실에서 학점이 가장 중요하니, 좋은 학점을 위해 시험 벌레로 양육되고 있는 것이다.

연수 학생뿐만이 아니다. 모두가 대학에 와서 무조건적으로 학점에 몰입한다. 기업에 취업하기 위해서는 다양한 스펙 쌓기가 필수라고 본능적으로 받아들인다. 대학에 이미 입학한 이상 학벌은 정해진 것이니, 당연히 가장 중요한 학점을 높이기 위해 온갖 노력을 다한다. 그리고 시간만 나면 영어 점수를 높이기 위해 실로 강박적으로 애쓴다.

그런데 학점과 영어 점수, 이 2마리 토끼는 결코 잡기가 만만치 않다. 남들도 다 생존을 위해 기를 쓰고 사력을 다하니 어찌 사냥이 쉽겠는가. 그래서 대부분의 학생들은 '스펙 9종 세트'는 커녕 어느 한 마리도 제대로 잡지 못하고 서성이고 있는 것이 현실이다.

◇◇◇◇◇◇

사회는 떠들지만
문송이는 제 갈 길을 가야 한다

사회는 '청년 실업'과 '대학 교육'에 대해 그리도 걱정하고 떠들어댄다. 다만 모두가 취업을 위해 스펙에 목숨을 거는 청년 개개인의 고단함은 안중에도 없다. 참으로 이상하기도 하다. 어떤 이에겐 처절한 삶의 문제들이 사회나 국가로 확장되면 단지 사회 문제일 뿐이다. 해답은 '고용 확대'나 '고용시장 안정'뿐이다.

물론 이러한 노력들이 없어서는 안 된다. 분명히 있어야 하고, 자정 노력이 확대되어야 한다. 단지 이것이 사회 문제가 되든 그렇지 않든 누가 떠들어대든 간에 문송이 개개인에게는 아무런 의미가 없다는 점을 알아야 한다. 문송이는 이와 상관없이 대학에서 학점을 위해, 토익을 위해 뛰어야 한다. 죽을 힘을 다해!

문송아, 어른들이 뭐라고 떠들어대든 넌 취업을 해야 한다. 그러기 위해선 지금 눈을 떠야 한다. 지금 제대로 현실의 눈을 뜨지 않으면 절벽이야. 지금 채용 방식이 엄청나게 바뀌고 있다. 이제 학벌이고 학점이고 뭐든 다 가린다. 왜냐하면 기존의 채용 방식은 뭔가 잘못 되었다는 것을 이제 기업들이 알게 된 것이다.

잘 생각해보자. '전사 능력이 훌륭하거나' '말도 못 하는데 토익 점수가 높은' 신입직원을 다수 뽑아봐야 마땅히 쓸모가 없다는 경험을 기업들이 터득해가고 있는 것이다. 그동안 이들 기업들도 시행착오를 거쳐온 셈이다. 그들도 과거의 채용 방식에 문제가 있음을 깨달은 것이다.

이제 블라인드는 채용시장의 쓰나미다. 2016년에 부산 마린시티의 저층을 휩쓸었던, 마치 쓰나미 같았던 태풍을 기억하니? 2004년 태국 푸켓, 2010년 인도네시아 멘타와이섬에서 발생한 쓰나미 동영상을 찾아서 한 번 보자. 이러한 쓰나미가 몰려오는데 마냥 손 놓고 있는 게 말이 되니?

조만간 채용시장은 급격히 변할 것이다. 우리나라 공기업이 도전적 채용 방식을 수용한 마당에, 사기업들도 지켜만 볼 수는 없다. 좋은 인재를 뽑는 방법이 있고 다른 기업들이 좋은 인재를 그 방법으로 뺏어가고 있는데, 네가 CEO라면 좋은 인재를 다른 기업에 마냥 주겠니?

길을 빌리자,

그리고 '진짜 스펙'을 쌓자

문송아, 공기업을 목표로 삼는 길을 '잠정적으로' 빌리자. 단지 빌려서 '그 길'로 가는 것이다. 분명 시대가 요구하는 능력과 자질이 있다. 단언컨대 그건 학점과 토익은 아니다. 지금 대학은 '학점 이수 기관'으로 변질되어가고 있다.

나는 대학 본연의 기능을 부르짖을 생각이 추호도 없다. 그렇지만 나와 함께 네가 그 길을 가면 자연히 넌 대학에서 많은 것을 배울 수 있다. 그리고 '진짜 스펙'을 쌓을 수 있다.

그런데 그게 가능하냐고? 물론 가능하다. 이 책을 제대로 한 번만 정독하길! 네 꿈이 공기업이든 아니든 전혀 상관없다. 이 선생이 멘토가 되어, 네게 한 번뿐인 '대학 시기'와 '졸업 이후'를 함께할게.

Just do it!

유튜브에서 2004년 태국 푸켓에서 발생한 쓰나미를 조회해봐. 그리고 느껴보자. 지금 무엇을 해야 할지!

공시에 절망했더라다도
다시 함께 가보자

한 해 대학 졸업자의 무려 절반 수준이 공시에 뛰어든다고 한다. 일례로 2017년 4월 기준으로 9급 국가공무원 시험의 일반행정직만 해도 그 경쟁률이 172.5 대 1이고, 7급 일반행정직의 경우도 72.8 대 1에 이른다.

아무리 개인의 환경이나 스펙에 따른 차별에서 벗어나 누구에게나 공정한 기회가 부여된다고 하지만 아무리 열심히 한다 해도 100 대 1의 경쟁을 제치고 당당히 합격한다는 것은 확률상 '복불복' 게임에 가깝다. 공시생 100명 중에 99명이 매해 치르는 시험에서 불합격 통보를 받는 것이다. 한 문과생의 토로다.

"불합격의 연속, 계속된 실패가 이어지면 나이가 드는 것도 물론 이거니와 자금 사정도 호락호락하지 않다. 안 그래도 겨우 버텼

는데, 자존심은 구겨질 대로 구겨지고 더이상 친구들과 연락하기
도 싫다."

정말 영원히 루저로 전락해야 하는가? 여태껏 함부로 살아온 적
도 없었다. 어려운 형편에도 온 힘을 다해 버티고 싸웠다. 어릴 적
부터 '노력해라, 최선을 다해라, 미래를 위해 참아라'고 들어왔고,
어쨌든 온 힘을 다해 버텨왔는데 말이다."

◇◇◇◇◇◇

커다란 시련에 닥치면
누군가 손잡아주길 염원한다

나도 같은 경험을 했다. 부끄럽지만 지금까지도 누군가에게 선뜻
말한 적이 없다. 너무나도 구겨진 그때의 자존감을 떠올리기 싫
었기 때문일 것이다.

　내가 준비한 시험은 CPA였는데, 그 당시에는 지금의 공시만큼
인기가 높았다. 전문가로서 알아주는 자격증이었고, 그 자격증이
있어야 남들이 부러워하는 회계법인에 입사해 공인회계사로서
인생의 첫 발을 제대로 디딜 수 있었다. 난 합격을 의심하지 않았
으며 당시 어려운 형편에서도 전력을 다해 준비했다. 경쟁률이
치솟고 있었지만 주위의 그 누구도 내 합격을 의심하지 않았다.

하지만 이렇게 전력을 다해 준비하고도 1차 시험에서조차 무려 4차례나 떨어졌다. 정말 어처구니없었다. 남몰래 준비해서 대학원 과정에서 치른 5번째 도전에서야 겨우 1차 시험에 붙었다. 그렇지만 대학원 휴학을 하면서까지 야심차게 준비했던 2차 시험도 연이어 낙방했다.

마지막 2차 시험에 떨어지던 때는 지금도 생생히 기억난다. 날 위해 모든 걸 다해 살았던 어머니를 위해서라도 마지막 부여된 2차 시험은 무조건 붙어야 했다. 그래서 정말 노력했다. 절대 떨어질 수 없었기 때문이다. 낭떠러지 끝에 선 심정이었고 더이상의 뒷걸음은 없었다. 이틀에 걸쳐 치러진 2차 시험을 정말 잘 봤다. 하지만 실수했던 것 같은 문제들이 새록새록 떠올라 발표날까지도 심란해서 거의 잠을 못 잤던 것 같다. 그런데 진짜로 불과 몇 점 차이로 떨어지고 말았다.

고시에서 떨어진 친구들은 한결같이 말했다. 단 1점 차이로 떨어졌다고. 그리고 함께 술로 애석함을 달랬다. 그렇지만 1점 차이로 떨어졌다고 해도 당시에는 믿지 않았고, 설사 그게 거짓말이라고 해도 별 의미는 없었다. 그런데 나도 마찬가지였다. 정말 불과 몇 점 차이로 내 꿈이 좌절되는 일이 일어난 것이다.

당시 내게 이런 불운이 올 것에 대비해 전혀 마음의 준비가 되어 있지 않았다. 지금도 상상조차하기 싫은 아픔이다. 그때의 내겐 오직 절망밖에 없었다.

공시를 준비하면서 수도 없이 좌절했을 문송아, 너는 네 꿈을 포기하지 않아야 한다. 네 꿈이 반드시 이루어질 것이라 추호도 의심하지 말고 밀고 나가야 한다. 네 모든 것을 걸고 합격의 그 순간만 생각해야 한다.

공시를 열심히 준비하고 있는 나의 문송 제자에게 네 길을 바꾸라고 부추기는 것이 아니다. 그럴 마음이 내겐 전혀 없다. 내 글을 읽고 네 꿈을 바꾼다면 그것은 나의 큰 아픔이 될 것이다. 나는 내가 CPA에 떨어져 더이상의 희망이 없었을 때 누군가 내 손을 잡아줬으면 하고 간절히 원했다. 아픔이 있기 이전까지 단 한 번도 누구에게 심적으로 의지한 적도 없었고, 의지할 마음조차 없어왔다. 그러나 그때는 정말 누군가가 필요했다.

◇◇◇◇◇◇

누군가가 필요하다면

지금 내 손을 잡아!

지금까지 네가 무엇을 위해 노력해왔으며 지금 무엇을 가지고 있는지 애써 설명할 필요도 없다. 이미 내가 이 사회의 어른으로 네게 사과했듯이, 그건 우리 어른들이 널 그렇게 만들었으니까 그렇다. 너를 막다른 골목으로 몰아갔으니까 말이다.

문송아, 넌 지금 앞이 깜깜하겠지만 네가 지금까지 그렇게 노력해왔던 그것, 단지 그것이면 충분하다. 자, 이제 내 손을 잡고 함께 가보자.

믿지 않겠지만 넌 이미 산의 중턱에 와있다. 아직 늦지 않았다. 같이 가보자.

Just do it!

네가 공시 준비생이라면, 공시 과목과 공기업 필기시험 과목이 어느 정도 겹치는지 직접 확인해보자.

이제 모든 기업이 '블라인드 채용'으로 전환될 것으로 보인다.

그러면 우선 블라인드 채용에 대해 정확히 알아야 한다.

흔히 공기업의 가이드라인이 복잡하다고 소문이 나있으니.

제대로 알아보지도 않고 대충 넘어가는 문송이들이 많다.

지금부터 이에 대해 정확히 알아보고

어떻게 준비하면 될 것인지 계획을 짜보자.

2장

트렌드는 '블라인드',
그래서 공기업!

앞으로는 모든 기업이
'블라인드 채용'을 한다

"롯데의 스펙태클 채용은 '무분별한 스펙 쌓기에 태클을 건다 (spec-tackle)'는 의미로, 스펙을 초월해 오직 직무 수행에 적합한 능력만을 평가해 인재를 선발하는 것이다."(매일경제, 2017년 12월 18일자 기사)

그러니까 스펙태클은 말 그대로 스펙을 보지 않는다는 '블라인드 채용'이다. SK그룹도 오로지 끼와 열정으로만 뽑는 '바이킹 챌린저'를 통해 무스펙 블라인드 채용을 도입했다. SK이노베이션의 블라인드 채용 관련 기사를 한번 보자.

"SK이노베이션은 이름, 학교, 전공 외에는 기재하지 않는 블라인드 채용을 채택해 진행하고 있다. 심지어 서류심사도 외부 컨설팅 기관에 맡겨 진행한다. 스펙이 아닌 '사람'을 보겠다는 블라인드 채용 취지를 가장 적극적으로 실천하는 기업 가운데 하나

다."(매일경제, 2018년 1월 22일자 기사)

현대차도 2017년 4번의 수시채용으로 '힌트'라는 블라인드 채용을 전격 실시했다고 한다.

◇◇◇◇◇◇

이제는 블라인드 채용이
쓰나미처럼 몰려온다

우리가 보기엔 갑작스러운 이 블라인드 채용은 급격히 확산될 조짐이 보인다. 지금까지 민간기업들은 조심스러웠지만, 공기업조차 도전적 채용 방식을 시작한 마당에 그냥 지켜볼 수는 없을 것이다. 그동안 공기업과 사기업 가릴 것 없이 신입사원 채용방식에 의문을 가져왔다. '이건 아닌데'라고 생각하면서도 그냥 잠자코 있었던 것이다.

그런데 갑자기 상황이 바뀌고 있다. 모두가 '이건 아닌데'가 아니라 '당장 바꾸자'라고 생각을 전환했다. 〈캠퍼스 잡앤조이〉의 기사(2018년 1월 23일자)를 보자.

"작년에 공공기관들이 채용시 블라인드 방식을 전면 도입하면서 올해는 민간기업으로 블라인드 채용이 확산될 것으로 보인다. 1월 22일 구인구직 매칭플랫폼 '사람인'이 민간기업 222개사를 대상으로 조사한 결과 5개 기업 중 한 곳(20.7%)은 '올해 블라인드 방식으로 채용을 진행할 것'이라고 답했다. 지난해 블라인드 채용을 한 비율(9.5%)과 비교하면 배 이상 늘어나게 된다."

앞에서 민간 대기업의 선배님들이 갖는 뿌리 깊은 선입견에 대해 말했었다. 사실 지금까지는 그래왔다. 그렇지만 이제 민간기업도 기존의 방식이 문제가 많다는 것을 느끼고 있고, 답습하지 말아야겠다고 깨닫고 있다. 그래서 최근 과감히 바꾸려고 하는 것이다. 그래, 조만간 이 스펙태클은 대세가 될 것이다.

<><><><><>

스펙을 안 보면
대체 뭘 보고 사람을 뽑아?

그럼 모든 기업들이 스펙을 보지 않으면, 대체 뭘 보고 뽑아야 할까? 그 답은 바로 '직무'에 있다. 그 증거로 SK이노베이션 관련 기사를 보자.

"SK이노베이션은 2017년 신입사원 공채에서 과거 직군별 선발을 '직무별'로 전환해 경영·비즈니스·엔지니어·연구개발 등 4개 직군에서 24개 직무를 선택할 수 있도록 했다."(매일경제, 2018년 1월 22일자 기사)

SK이노베이션이 스펙을 보지 않으면서 직무별로 선발하겠다는 것은 지원자의 '직무 능력'을 가늠해보겠다는 것이다. 스펙태클, 즉 블라인드 채용에서는 기존에 강조되었던 스펙 대신에 직무 능력을 어필하는 '무언가'를 강조하게 된다.

그런데 기억하는가? 현행 공기업 채용 방식이 바로 '블라인드 채용'과 더불어 'NCS 기반 채용'이라고 했던 것 말이다. 그게 바로 그 말이다. '기존 스펙을 블라인드 처리하고 대신에 NCS, 즉 직무 능력을 보겠다'라는 것!

앞으로 네가 기업에 취업하기를 지향한다면, 어떤 방향으로 가야 하는지 추측이 좀 될지 모르겠구나.

◇◇◇◇◇◇

'공기업'은 목표 자체가 아니라
우리가 걸어가야 할 길

잘 생각해보자. 왜 공기업이 답이라고 말했는지 말이다. 네가 공기업 입사를 착실히 준비해나가면, 그건 곧 네가 모든 기업이 원하는 스펙을 갖춘다는 것을 의미함을 확실히 이해해야 한다.

너무나도 막연한 상황에서, 네가 허송세월하지 않고 제대로 된 준비와 스펙을 갖추길 원한다. 물론 넌 다급한 상황에 처해있다고 생각하겠지만 내가 말하는 걸 잘 들어보길 바란다. 그럼 생각보다 빨리, 그리고 잘 준비할 수 있다.

지금 당장을 보고 준비하면 세상은 변한다. 조금만 아주 조금만 앞을 보자. 그럼 앞이 보인다.

거듭 강조하지만 너희들 모두가 공기업을 가라고 하는 것이 결코 아니다. 나는 선생으로서 최소한 제자의 청춘이 망가지는 것은 막아야 한다. 그리고 지금 당장 널 이끌어 준비시켜야 한다. 앞이 오리무중이라고 가만있도록 내버려두면 안 되지 않겠니?

다시 말해, 네가 지금 당장 '공기업'을 준비해야만 어떤 기업이든 골라 들어갈 수 있다는 것이다. 대기업이든 공기업이든 어디가 되었든지 말이지.

Just do it!

롯데, SK 등 가리지 말고 '블라인드 채용' '스펙태클 채용' 등 비슷한 단어로 인터넷에서 검색해봐. 그래도 여전히 스펙이 중요하다고 생각하니?

너무 막연한데
'공기업'이 도대체 뭐야?

자, 이제 너는 공기업으로 가는 길을 빌려 쓰기로 했다. 그래서 잠
정적이지만 공기업을 목표로 삼기로 했다. 그렇지만 막상 공기업
이 무엇인지는 잘 모르겠지?

　공기업은 국가와 국민이 소유하거나 지배하는 기업을 의미한
다. 공익을 목적으로 제품을 생산하거나 무언가를 관리해야 하
므로 일반 사기업이나 특정 개인에게 맡길 수 없는 것이다. 그래
서 공기업은 공익 목적으로 유형의 제품을 생산·관리하거나('유
형I'라고 하자), 무형의 무언가를 생산·관리('유형II'라고 하자)한다.

　'유형I'은 소위 '유형의 공공재'를 생산·관리하는 공기업이다.
공공재라는 어려운 말을 써서 미안하지만 '공익 목적의 재화'라
는 단순한 말이다. 한국전력, 한국가스공사, 한국석유공사, 한국
도로공사, 한국수력원자력, 인천국제공항공사, 한국철도시설공

단, 한국철도공사 등이 이렇게 공익 목적의 재화를 생산 및 관리하고 있다.

반면에 '유형II'는 금융, 문화, 예술, 봉사, 용역 등 무형의 무언가에 대해 서비스를 제공하거나 관리하는 공기업이다. 특히 금융 서비스를 제공하거나 관리하는 기관들이 대표적인데 금융감독원, 예금보험공사, 한국은행, 한국산업은행, 국민연금관리공단 등이 있다.

<><><><><>

공기업의 채용 방식은

간단히 2가지다

이렇게 공기업의 유형별로 채용 방식에 상당한 차이가 있다. 유형 이야기를 한 김에 채용 방식의 차이를 간단히 보자.

'유형I'은 그야말로 블라인드 채용의 영역이다. 이들 대부분은 스펙을 보지 않는다. 대신에 그 자리를 직무 능력이 대신한다. 즉 실질적인 직무 수행 능력이 결정적이다. 뒤에서 자세히 말하겠지만, 알다시피 가장 어려운 단계가 필기전형인데 필기에서는 '직무능력검사'를 중심으로 평가한다.

'유형II'는 금융감독원의 직원 같이 '전문직'의 성격을 요하다

보니, 사실상 고시나 CPA처럼 전공필기시험에 의존한다. 금융감독원의 예를 들면, 필기시험을 1차와 2차에 걸쳐 2차례 치러서 최종 필기합격자를 선발한다.

필기시험이 절대적이다. 그렇지만 면접에 가면 결국 직무 경험이나 직무 능력을 감안해서 선발하게 된다.

너무 간단하지? 그 어떤 복잡한 방식에도 현혹되지 마라. 이게 전부다. 대부분 공기업이 복잡하다고 막연해하지만, 이렇게 간명하게 분류해보면 그리 어렵지도 않다.

Just do it!

'유형 Ⅰ'의 '한국전력'의 웹사이트에 들어가봐. 그리고 유형 Ⅱ의 '금융감독원'에도 들어가 봐. 홈페이지에는 기업이 소개되어 있어. 그것만 봐도 '유형 정복'이다!

블라인드 채용에 대해
정확히 알자

공기업은 가이드라인이 복잡하다고 소문이 나있으니, 제대로 알아보지도 않고 막연히 복잡하다고 생각하곤 한다. 그냥 알아보기가 귀찮은 거다. 이처럼 사람들은 이상한 버릇을 공유하고 있다. 눈에 보이는 진실보다 소문을 더 믿는다. 이상한 버릇이니, 좋지 않은 예를 들어보자.

우리는 어떤 A라는 사람이 어떤 여자를 살해하는 것을 직접 목격했다. 그런데 세상 사람 모두가 B라는 사람이 그 여자를 죽였다고 말하며 소문이 파다해졌다. 그럴듯한 살해 동기와 함께 그 이야기는 전국으로 퍼졌다. 이때 살인을 목격한 우리는 자칫 B가 죽였을지도 모른다고 착각하게 된다. 과장된 비유지만 언젠가부터 우리는 소문만 믿는다.

◇◇◇◇◇◇

소문에 의존하지 말고
직접 눈으로 확인하자

막연히 "공기업 채용은 복잡하고 까다로워"라고 단정 짓고는 머리 아파하고 있다. 이제부터 복잡한 이야기 다 내려놓고 직접 그 실체를 확인해볼 것이다.

간단한데도 막연하고 복잡하게 생각하는 블라인드 채용부터 확인해보자. 기업들은 모두 블라인드 채용을 언급하며 떠들어대는데 우리는 정확히 알아보려 하지 않는다.

우리는 중심을 잡고 당장 채용 공고를 확인해야 한다. 모두들 가만있을 때 이 채용 공고를 보는 것만으로도 앞서는 것이다. 많

〈한전 2017년 하반기 채용 공고〉 중 블라인드 채용

- 입사지원서상 사진등록란, 학교명, 학점, 주소, 생년월일 기재란 없음
- e-메일 기재시 학교명, 특정 단체명이 드러나는 메일 주소 기재 금지
- 지원서(자기소개서 포함) 작성시 개인 인적사항(출신학교, 가족관계 등) 관련 내용 일체 기재 금지
- 면접시 복장에 따른 선입견 배제 및 구직비용 절감을 위해 상의 유니폼 지급 예정(하의 및 신발 등은 자유롭게 착용)
- 입사지원서에 기재한 성명, 연락처(휴대전화, 이메일 등), 외국어, 지역인재 관련 정보 및 서류전형 합격자 발표 화면에서 등록한 생년월일 등은 면접전형시 블라인드 처리됩니다.

은 공기업들이 이제 블라인드 채용을 지향한다고 했지? 막연히 넘어가지 말고, 한전의 블라인드 채용 사항을 한번 볼까?

내용은 간단하다. 학교, 학점, 나이, 가족관계 등을 기재하지 않는다. 면접시에도 학교, 학점, 나이는 물론 가족관계, 출신지역을 보지 않는다. 이것이 바로 블라인드 처리다.

자. 채용 공고가 나온 김에 아주 유용한 정보를 하나 더 주겠다. 공기업의 채용 공고를 모아서 알려주는 곳이 있다. 잡알리오 (https://job.alio.go.kr/recruit.do)와 NCS 사이트의 채용 정보 센터 (https://www.ncs.go.kr/blind/bl04/RecrtNotifList.do)가 대표적이다. 그 곳에 관심 있는 기업과 채용이 있다면 해당 공기업의 홈페이지에 가서 채용 정보를 꼭 확인해야 한다.

◇◇◇◇◇◇

스펙을 '블라인드' 하면

진짜 아무나 지원할 수 있나?

블라인드 채용에 대해 알았으니 그럼 '아무나 지원할 수 있나?' 라는 의문이 들 것이다. 그리고 '뭘 가지고 채용하지?'라는 의문이 들기도 할 것이다.

그럼 한전의 지원 자격을 한번 살펴보자.

한전은 블라인드 채용이니, 학교, 연령, 학점은 묻지 않는다. 문과생의 영역인 사무분야에서는 심지어 학력과 전공도 묻지 않는다.

중요한 점은 토익 700점 이상의 기준은 있다는 것이다. 그리고 잘 살펴보면, '자격증'을 첨부하도록 하고 있다. 확인해보면 알겠지만, 해당 직무 관련 '자격증'에 대해 서류전형에서 가산점

〈한전 2017년 하반기 채용 공고〉 중 지원 자격

구분	주요내용
학력 · 전공	• 사무: 학력 및 전공 제한 없음 • 배전 · 송변전 / 통신 / 토목 / 건축 / IT 　– 해당분야 전공자 또는 해당 분야 기사 이상 자격증 보유자 　※지원가능학과 및 자격증: 붙임 2 참조
외국어	• 대상: 영어 등 8개 외국어 • 자격기준: 700점 이상(TOEIC 기준) 　※외국어성적 환산기준: 붙임 3 참조 • 유효성적: '15. 11. 1 이후 응시하고 접수 마감일('17. 10. 13)까지 발표한 국내 정기시험 성적만 인정 　※고급자격증 보유자(주석 2 참고)는 외국어성적 면제 　※해외학위자도 유효 외국어 성적을 보유해야 지원 가능함
연령	• 제한없음
병역	• 병역법 제76조에서 정한 병역의무 불이행 사실이 없는 자
기타	• 지역전문사원의 경우, 해당 권역 내 소재 학교(대학까지의 최종학력 기준, 대학원 이상 제외) 　졸업(예정) · 중퇴한 자 또는 재학 · 휴학중인 자만 지원가능 • 당사 인사관리규정 제11조 신규채용자의 결격사유(붙임 4 참조)가 없는 자 • '17. 12월말 이후 즉시 근무 가능한 자

을 준다.

한 가지 더 있다. 출신 대학교(중퇴나 예정도 상관없다)의 지역 소재가 중요해보인다. 학교를 보지는 않지만, 지역 출신은 서류에서 가산점을 주거나, 별도의 TO인 지역전문사원으로 뽑는다는 것이다.

문송아, 언론에서 블라인드 채용을 떠들어댈 때, 너는 직접 네가 알고 있는 공기업의 채용 공고를 확인해보자. 이제 제발 좀 '귀'를 닫고 '눈'을 뜨자.

Just do it!

한전의 홈페이지에 들어가서, '채용 정보'를 직접 클릭해봐. 한전에 입사하라는 이야기가 아냐. 그냥 너의 눈으로 직접 한 번만 봐줘.

'직무 중심 전형'이
도대체 뭘까?

앞으로는 모든 기업들이 블라인드와 스펙태클 채용을 지향할 것이다. 이제는 그게 대세다!

그런데 그렇게 모든 스펙을 블라인드 처리해버리면, 도대체 무엇을 보고 사람을 뽑아야 할까? 학벌, 학점, 나이, 출신 등과 상관없이 직무 능력을 보고 뽑겠다는 것이다. 즉 기존 스펙을 직무 능력으로 대체한다는 것이다. 그런데 학생들에겐 아직 사회 경험이 없어 직무 능력이 무엇인지 모르니 그게 문제다.

공기업뿐만 아니라 모든 기업 채용 절차는 '1) 서류전형, 2) 필기전형, 3) 면접전형'으로 진행된다. 그래서 각 단계별로 모두 직무 능력을 보겠다는 것이다. 그게 바로 공기업 관점에서는 NCS 기반 채용이다. 물론 스펙태클을 지향하는 민간기업도 직무 능력을 중심으로 평가하게 된다. 명칭은 NCS를 쓰지는 않지만 말이다.

핵심은 직무 능력을 기준으로 평가한다는 것인데, 공기업이든 민간기업이든 모두 마찬가지다. 각 단계별로 구체적으로 살펴보자. 단계별로 직무 능력을 본다는 말이 무슨 말인지 알아야 하니까 말이다.

◇◇◇◇◇◇

서류전형에 대해
제대로 알아보자

첫 번째, 서류전형이다.

이 단계에서 자기소개서는 기본이다. 물론 지원자는 자신이 해당 직무에 대한 능력, 지식과 경험을 갖추고 있음을 어필해야 한다. 그러니 요즘 유행인 사자성어로 시작하거나 유명인의 격언으로 시작하게 되면 쓸모없이 지면을 낭비하게 된다. 아니, 바로 탈락한다. 자격증이나 지역 가산점이 있는지 또는 토익 등이 점수화되는지도 잘 봐야 한다.

이쯤에서 한전의 서류전형 평가 기준을 보자. 우선 자기소개서를 살펴보면 의외인 점을 발견할 수 있다. 오직 '적·부'만 보기 때문에 적합하면 점수에는 반영이 안 된다. 물론 적합하지 않으면

구분	전형단계	평가기준	배점	선발배수	동점자 처리기준
1차	서류전형	외국어성적 자격증가점 자기소개서	100 사무 20, 기술 40 적·부	사무 100배수 배전·송변전 15배수 기타 20배수	①자격증 ②어학

서류 탈락이다. 우리가 그 적합 기준을 여기서 알 수는 없다. 다른 공기업들은 자기소개서를 분명히 평가할 것이다.

위의 표에도 나오듯이, 토익 점수 100점과 자격증 20점을 부여하고 있다. 세부 내용에서 토익 점수 기준을 알려주는데, 850점 이상이면 외국어는 만점이 된다. 그러니 토익은 서류 통과에 있어 나름 중요한 것 같다. 비교해보면 한국토지주택공사의 경우 토익 750점 이상이면 누구든지 만점을 받는다.

다음은 가산점에서 중요한 자격증이다. 자격증은 한국사, 국어능력, IT분야, 외국어 구사능력의 각 분야별로 최대 5점씩 받을 수 있다. 컴퓨터활용능력 1급, 국어능력인증 3급, 토익스피킹 7등급이나 한국사능력검정시험 3급 등 익히 봐왔던 항목이 눈에 띤다.

한국전력은 서류에서 100배수를 뽑고, 필기 과정에서 2.5배수만 남긴다고 한다. 결국 웬만하면 서류는 통과되고, 직무 능력

〈한전 2017년 하반기 채용 공고〉 중 자격증 가산점

· **한국사**

배점	종류
5점	한국사능력검정시험 3급 이상

· **국어능력**

배점	종류
5점	국어능력인증 3급, KBS한국어능력 3+급, 한국실용글쓰기 준2급 이상

· **IT분야** (통신 및 IT 계열 지원자는 제외)

배점	종류
5점	정보처리기사, 정보처리산업기사, 사무자동화산업기사, 컴퓨터활용능력 1급

· **외국어 구사능력**

배점	종류
5점	토익스피킹 7등급, OPIc IH등급, FLEX(말하기) 1C 등급 이상

검사에서 많이 떨어진다는 얘기다. 그러니 서류전형은 도전해볼 만하다.

비교해보면 한국가스공사, 한국남동발전, KOTRA 등 일부 공기업들은 무서류 전형을 도입해 지원자 모두가 2차 필기전형에 응시하도록 한다.

자, 정리해보자. 한전을 보면, 서류전형은 '1) 자기소개서에 나타난 직무 능력, 2) 어느 정도의 토익 점수(너무나도 높은 점수 말고),

3) 국어, 영어, 한국사, IT 관련 자격증'을 본다. 추가로 출신대학의 지역을 보지만 여기서는 이 정도로만 보자.

문송아, 이 부분이 참 재미없지? 나도 취업매뉴얼 같아서 이 부분이 좀 싫긴 하다. 그런데 일찌감치 공기업에 큰 뜻을 두고 매진하는 훌륭한 제자 한 명도 학원 교재나 동영상을 통해서만 서류전형 기준을 이해하고 있다. 그것도 대충 두리뭉실하게 말이다. 이게 웬일이냐? 그러니 꼭 이 내용을 읽기 바란다.

◇◇◇◇◇◇

필기전형에 대해
제대로 알아보자

두 번째, 필기전형이다.

많은 기업들이 필기전형에서 직무 능력을 보기 위해 '직무능력검사'를 실시한다. 경우에 따라 직무에 대한 전문 지식을 평가하기 위해 전공선택과목을 한 과목 정도 추가하기도 한다. 어쨌든 직무 능력을 보기 위함임을 잊지 말자.

네가 지망하는 공기업에서 직무 능력을 평가하기 위한 필기시험 항목은 매우 중요하다. 앞서 이야기했지만 이 필기시험에서 대부분 걸러내기 때문이다.

〈한전 2017년 하반기 채용공고〉 중 2차 필기전형 기준

2차	직무능력 검사 인성 검사	직무능력검사 점수 인성검사	100 적·부	사무 2.5배수 배전· 송변전 2.5배수 기타 4배수	동점자 전원합격

구분	사무	배전·송변전	통신·토목· 건축·IT
직무능력 검사	(공통) 의사소통능력, 수리능력, 문제해결능력		
	자원관리능력 정보 능력	자원관리능력 기술 능력	정보능력 기술능력
인성검사	태도, 직업윤리, 대인관계능력 등 인성 전반		

　　필기시험에 있어서는 직무능력검사만 포함되는지(인성검사는 일단 무시하자), 전공선택형 필기(경영학, 경제학, 법학, 행정학 등)를 보는지, 그리고 국어, 한국사, 영어, 시사·상식 등 과거에 많이 보던 일반공통과목이 시험이 포함되는지 등을 잘 살펴봐야 한다.

　　물론 앞으로는 NCS 기반 채용 방식을 강화하면 많은 공기업이 직무능력검사 위주로 전향해나갈 것이다. 물론 민간 기업들도 모두 기존의 인적성검사에서 보다 직무 중심으로 문제 유형을 바꿔갈 것이다.

　　일단 직무능력검사가 뭔지를 정확히 알아야 한다. 자, 한전을 살펴보자.

　　한전의 필기시험은 사실상 직무능력검사뿐이다(물론 인성검사를 통과해야 한다). 그런데 이 직무능력검사에서 2.5배수만 남게 되니 가장 중요한 관문이 된다. 다른 공기업은 직무능력검사에 전공선택이나 일반선택 과목을 포함해서 보기도 한다.

이쯤에서 직무능력검사에 대해서 알아야 할 것 같다. 그래서 이야기가 좀 지루하더라도 들어줬으면 한다.

NCS 직무능력검사는 해당 기업의 직무 수행을 위해 필요한 직무 기초 능력을 갖추고 있는지, 그리고 실제 직무 환경에서 어떻게 발현할 수 있는지를 평가한다. 이는 기존의 민간 대기업에서 실시하는 인적성검사와 유사하지만, 보다 직무 중심으로 평가하게 된다. 대기업의 인적성검사는 아이큐 테스트에 가깝다고 할 수 있지만, NCS 직무능력검사는 실제 업무 현장에 있을 법한 직무 상황이 제시되고 이를 해결하기 위한 사고와 접근법을 테스트하게 된다. 2개를 한번 비교해보자.

NCS 직무능력검사는 직무기초능력검사와 직무수행능력검사로 나눠지는데, 많은 공기업들이 직무기초능력검사를 중심으로 시행한다. 어떤 경우는 직무기초능력검사를 중심으로 직무수행능력검사를 포함해서 필기고사를 출제하기도 한다. 경영기획 직무의 직무수행능력검사를 예로 들면, 경영학원론, 생산관리, 관리회계 등의 내용과 다소 유사하기도 하다.

직무기초능력은 10개 영역으로 구성된다. '(1) 의사소통, (2)

수리, (3) 문제해결, (4) 자기개발, (5) 자원관리, (6) 대인관계, (7) 정보, (8) 기술, (9) 조직이해, (10) 직업윤리'가 그것이다.

공기업마다 10개 영역 중에 자체적으로 선별해서 기초능력검사를 시행한다. 위에서 '(1) 의사소통, (2) 수리, (3) 문제해결'은 직무수행에 있어 가장 중요한 기초능력으로 보기 때문에, 직무 능력검사를 본다면 이 3가지 능력은 대체로 포함시킨다고 보면 된다.

한전의 사무 직무분야에서는 위의 3가지 기초능력에 '(5) 자원관리, (7) 정보 능력'을 추가하고 있다. 직무수행능력을 따로 평가하지는 않는다. 나중에 이야기하겠지만 '(2) 수리 능력'이 우리 문과생에게는 관건이다.

정체를 알 수 없는 인성검사도 이해하자. 이제 아까 미뤄둔 인성검사도 이야기도 하고 넘어가야 할 것 같다.

인성검사는 사람의 됨됨이와 사회적 적응력을 보게 된다. 물론 기업마다 다 인재상이 다르니 일관되지는 않는다. 다만 대체로 사람의 됨됨이를 볼 때 윤리성, 성격 장애, 동기 및 적극성 등을 볼 것이다. 사회적 적응력을 볼 때는 조직 화합, 협동, 솔선수범, 극단적 외곬 등을 볼 것이다.

인성검사는 심리학자들에 의해 매우 정교하게 개발되어 있는 검사다. 그래서 섣불리 네 성격이나 인성을 과장되게 위장하게 되는 경우 소위 '허위성 척도'에 걸려 자칫 탈락하게 된다. 허위성 척도에 걸리면 결과를 볼 것도 없다.

그렇다면 어떻게 인성검사를 풀어야 할까? 항상 답이 잘 안 서지만, 대체로 네 마음이 따르는 방식으로 적을 때 답의 일관성이 높다고 할 수 있다. 다만 네가 어떤 성격이든 극단으로 치우치지 않도록 주의하면 좋을 것이다. 네 본성에 '내가 회사에 들어가면 이 정도는 해야지'라는 약간의 의무감을 생각하면 좋을 것이다. 회사에서도 극단적인 부정응성에 대해 경계를 하는 것이지, 개개인의 개성을 무시하고자 하는 것은 아니라고 보면 된다. 다시 말해 너무 위장하려고 하면 안 된다.

<hr>

◇◇◇◇◇◇

이제 마지막 단계인
면접전형이다

셋째, 면접유형이다.

최종 면접전형도 결국 직무 중심이다. 오히려 이 단계야말로 지원자의 직무 능력을 가늠해보는 가장 중요한 단계다.

NCS 기반 채용은 이러한 직무 능력을 보기 위해, 국가에서 직무마다 체계적인 '직무기술서'를 마련해놨다. 스펙태클형 민간

〈한전 2017년 하반기 채용 공고〉 중 3차 및 4차 전형 안내

3차	직무 면접	직무면접점수 2차 직무능력 검사 점수	100 50	사무 1.5배수 배전· 송변전 1.5배수 기타 2배수	①직무면접 ②직무능력검사
4차	경영 진면 접	경영진 면접점수	100	분야별 1배수	①3차전형 ②2차전형 ③1차전형

기업도 물론 자체적으로 이러한 직무기술서가 있어서, 이를 감안해서 선별할 것이다.

다만 국가에서 모든 공공기관 및 공기업에 일괄해서 적용할 수 있는 직무 유형과 그 내용을 기술해놨다는 것이다. NCS 사이트 (www.ncs.go.kr)에 가면 직무 유형을 볼 수 있다.

면접관들은 직무기술서에 있는 직무에 대해 물어본다. 자, 계속 한전을 보자.

한전의 경우 2차 필기전형에서 선발되면, 3차 직무면접을 보게된다. 3차 직무면접에는 기존의 2차 직무 능력검사 점수(50점)와 직무면접점수(100점)을 합산해서 1.5배수를 선발하게 된다.

한전의 직무면접은 4~5명의 면접관 앞에서 4명이 한 그룹이되어 면접이 진행된다. 직무면접은 네가 입사 후 수행할 직무에대해 역량이 있는지를 보기 위해, 자기소개서를 중심으로 전공지식, 실무 경험 등을 묻는 것이다.

일반 기업의 면접관들도 피면접자들에게 물론 직무 역량을 주로 묻겠지만 학력, 나이, 출신, 스펙 등 다양한 이력사항에 대해서도 많은 질의를 한다. 반면 NCS 직무면접은 NCS에 규정된 직무기술서에 기재되어 있는 직무에 대해 집중적으로 묻는 점에서 차이가 있다.

그래서 NCS에 기재된 직무기술서의 내용을 잘 살펴봐야 면접 때의 질문을 예측할 수 있다. 예시된 사무 분야의 직무기술서를 한번 읽어보자. 사무 분야는 경영·경제·회계·행정·법률 등의 전공 지식을 가지고 실제 업무나 기술을 묻는다.

예시된 직무기술서 가운데 직무수행 내용을 읽어보자. 중간쯤에 '수요관리(수요분석, 수요개발) 및 전력거래 업무'라고 기재된 부분이 있다. 그런데 전력 수요 관리나 전력 거래를 해보지 않고는 직무가 무엇인지 사실 이해하기 힘들다.

실제 한전의 2014년 직무면접에서의 질의다. "한전의 전기 판매 성장률이 낮다. 한전의 10년 후는 어떻게 나아가야 할 것인가?" 이런 질문을 받으면 정말 막연할 것이다. 10년 후에 더 잘해야 하는 것은 알겠는데 도대체 어떻게 해야 할 지에 대해 딱히 할말이 없을 것이다.

당연하다. 그런데 공기업을 준비하는 대부분의 피면접자들이 실제 면접장에서 저런 질문을 받으면 크게 할 말이 없다. 실무진

〈한전 2017년 하반기 채용 공고〉 중 NCS 직무기술서(사무 분야)

근무처	본사	지역본부	지사	전력지사	기타
	v	v	v	v	v

채용분야	대분류	02. 경영 · 회계 · 사무			
	중분류	01. 기획사무	02. 총무인사	03. 재무회계	04. 생산품질관리
	소분류	01. 경영기획	01. 총무	01. 재무	01. 생산관리
		02. 홍보광고	02. 인사조직	02. 회계	
		03. 마케팅	03. 일반서무		
	세분류	01. 경영기획 02. 경영평가	01. 총무 02. 자산관리 03. 비상기획	01. 예산 02. 자금	01. 구매조달
		01. 기업홍보	01. 인사 02. 노무관리	01. 회계감사 02. 세무	
		02. 고객서비스	02. 사무행정		

직무수행 내 용	• 전략, 예산관리, 조직 · 정원관리, 평가관리, 홍보, 감사, 법무 관련 업무 • 인력관리, 교육훈련 등 인사 관련 업무 • 급여, 복리후생, 보안 및 소방 등 노무 관련 업무 • 전기사용신청 접수, 공급방안 검토, 고객서비스 활동 • 검침, 전기요금 조정, 수납, 미수금 관리 등 수금 관련 업무 • 수요관리(수요분석, 수요개발) 및 전력거래 업무 • 출납, 유가증권 관련 회계업무 및 국내외 차입금 관련 자금업무 • 재무제표 작성 등 결산업무, 국세 및 지방세 관련 세무업무 • 부동산 관리, 용지 관리 등 자산 관리 • 자재수급, 재고관리, 공급자 관리, 자재 시험관리 등 자재 업무 • 물가조사, 자재 구매, 공사 및 용역계약 등 계약 관련 업무 • 해외사업개발 및 운영 관련 업무(발전, 원자력, 신재생, 자원 등)

필요지식	• (경제 · 경영) 경영환경 분석, 경영평가 방법론, 경영계획 수립 관련 이론, 마케팅 및 HRD 관련 지식, 전력 산업 트렌드 및 신재생에너지 관련 기초 지식 • (회계) 기초 회계 원리, 계정관리에 관한 지식, 재산세 · 부가세 · 법인세 · 재무제표 등 세무 관련 기초 지식 • (행정) 문서 작성 · 관리 · 기안 규정에 관한 지식, 업무 규정에 관한 지식 • (법률) 규정의 해석에 필요한 법규 일반 지식, 채권관리 지식, 부동산 관련 법규, 소송 관련 법률

필요기술	• 개념적 · 분석적 사고능력, 기획력, 고객 니즈 파악 및 대응 기술, 유관 부서 간 의견 조정 스킬, 설득 및 협상 기술, 프로세스 관리 능력, 커뮤니케이션을 위한 문서화 능력, 보고서 등 문서작성 및 관리 기법, 문서작성 · 통계처리 · 인터넷 검색 등을 위한 컴퓨터 활용 능력, 피벗 · 기본함수 등 통계 프로그램 활용 능력, 법규 이해 · 활용능력, 비즈니스 영문 레터 작성 및 비즈니스 영어 회화 구사 능력
직무수행 태 도	• 세밀한 일처리 태도, 고객의 요청에 적극적으로 대응하려는 노력, 효율적 시간 관리, 정보 수집 · 관리 노력, 업무 네트워크 형성 노력, 문제 해결 및 환경 변화에 적극적으로 대처하려는 태도, 개선 및 혁신을 추구하는 태도, 공동의 목표를 위해 적극적으로 협조하려는 태도, 약관 · 지침을 준수하려는 의지, 청렴하고 공정한 업무 처리 태도
작업기초 능 력	의사소통능력, 수리능력, 문제해결능력, 자원관리능력, 정보능력
필요자격	유효한 공인어학성적 700점(토익기준) 이상 성적 보유자 – 해외IR, 해외사업 수행, 해외사업 실적분석, 해외사업소 안전 · 보건 · 환경 업무, 전력산업 수출, 국제협력 · 교류, 신사업 추진 등의 직무수행을 위한 최소한의 어학성적임
참 조	www.ncs.go.kr

이나 임원분들이 이해할 수 있는 말로 당당히 말을 했으면 좋겠는데, 직무를 모르고 전력에 대한 사전 경험도 없으니 딱히 할 말이 없어 어떻게 해야 할지를 모른다. 우리가 '직무' 또는 '직무 능력'이라는 말은 평소 들어본 적은 있지만, 20여 년 동안 학교 생활에 너무나 익숙해진 네겐 실로 와닿지 않는 말이다. 더구나 직무기술서에 써있는 직무수행에 대한 문구는 마치 암호문같이 느껴질 것이다.

문송아, 직무 중심 선발에 대해서는 꼭 준비와 대응이 필요하다. 네가 그걸 지금 깨닫고 있는 중이라면 그걸로 충분하다. 점차 해나갈 것이니 너무 서두르지 말자.

Just do it!

첫째, 금융감독원의 서류전형 기준을 직접 알아보자. 홈페이지의 채용 공고 중에 '5급 신입 채용'에서 찾아봐. 서류전형 기준이 안 보인다고? 괜히 고생만 하게 해서 미안하구나. 맞아! 금감원은 서류를 평가하지 않아.

둘째, NCS 웹사이트(www.ncs.go.kr)에 가서, 네가 관심있는 직무를 찾아 직무기술서를 읽어보자. 물론 다운로드받아야지.

셋째, 직무능력검사의 실제 문제 유형을 알아보기 위해, 서점에 가서 시중의 수험서를 대충 훑어보자. 이해 차원이니 가볍게 보면 돼.

충격적으로 들리겠지만 네가 지금까지 그렇게도 목숨을 걸어온

'학점'과 '토익 점수'는 사실 스펙이 아니다.

'진짜 스펙'이란 과연 무엇인지 알아야 한다.

그리고 그 스펙을 위해서 그대는 더욱더 '학교 밖'이 아닌,

'학교 안에서' 뛰어야 한다.

3장

이것이 문과생의
'진짜 스펙'이다

학점과 토익 점수는
스펙이 아니다

이 책을 쓰면서 여전히 마음에 걸리는 것이 있다. 공기업의 채용 인원은 정해져 있는데, 이 책을 읽고 그 많은 졸업생들이 공기업만 준비한다면 이 또한 경쟁만 가속화하는 꼴이 아닌가 싶기도 하다.

매년 더 많은 졸업생들이 공기업으로 눈을 돌리고 있다. 하지만 제대로 준비하고 있는 사람은 찾아보기 힘들다. 선생으로서 방황하는 제자들을 그냥 방관할 수 없었다. 정도(正道)를 알려주고 싶었다. 그래야 모든 걸 다 버리고 따야만 하는 '학점'과 끝나지 않는 '영어 점수'에 시간을 낭비하지 않는다.

어쨌든 이 책을 볼 수 있는 기회 또한 균등하다. 난 열망하는 네가 이 책을 보고 누구에게도 듣지 못한 무언가를 얻어갈 수 있다면, 그건 바로 그 누구도 아닌 너의 '선택'이라는 점을 말해두고 싶다. 남다른 시각과 관점이 네게 다가온 것이다. 남들이 고민만 하고 선택 장애를 겪고 있을 때 넌 이미 움직이는 거다.

어쨌든 이 점을 꼭 염두에 두었으면 한다. 내가 네 목표를 '공기업'으로 잠정적으로 놓고 설명하고 있다는 것을 말이다. 그러니 네가 공기업을 선택하지 않아도 상관없다. 대기업을 목표로 하든, 아님 다른 목표를 갖든 상관없다. '공기업'에서 '   ' 안에 네 뜻을 집어넣으면 된다.

◇◇◇◇◇◇

학점과 토익 점수는
허망하게도 스펙이 아니다

우리 문과생은 우리도 모르는 사이, 공허한 학점과 영어 점수에 올인하고 있다. 물론 또 해야 할 일만 머리에 쌓아두고서 별다른 성과도 없이 말이다.

하지만 무작정 하는 학점 관리가 다는 아니다. 뭔가 잘못되어가고 있는 것을 직감하면서도 어쩌면 별다른 대안이 없으니 눈에 보이는 숫자에 집착하게 된다.

그렇지 않으면 비싼 등록금을 치르면서도 학교 밖에서 무언가를 배우려고 서성이게 된다. 대학 본연의 기능이 아무리 퇴색

해간다고 하지만, 우리가 제대로 살펴보지도 않고 무조건 밖으로 나가는 건 아닐까? 비싼 돈 들여 등록금을 지불하면서 왜 밖에서 값비싼 대가를 치러야 하는지 잘 모르겠다. 아직도 토익과 끝나지 않는 전쟁으로 학비를 다 소모하고 있다면, 이제는 바꿔야 한다.

문과생의 방황을 그간 많이 봐왔고 들어왔다. 나 또한 많은 고민을 했고, 지금도 그렇다. 지금도 무조건 학점이 전부인 양 달려드는 것은, 제2차 세계대전에서 일본의 패망을 앞두고 자살 비행을 감행하는 가미가제 특공대의 모습처럼 느껴진다. 학점이 그렇게 맹렬하게 노력해 얻어야만 하는 절대적인 스펙인가?

토익 점수도 마찬가지다. 한 취업 포털사이트의 조사에서 대기업 공채에 실패한 대학생들에게 그 원인을 물어보니, 과반이 부족한 토익 점수 때문이라고 답했다고 한다.

학점과 토익 점수가 과연 스펙의 전부란 말인가? 왜 이렇게 되었는가? 우리 청년들이 모두가 부질없는 것들에 목숨을 걸고 있는데 왜 아무도 이야기해주지 않는가? 나는 말한다. 단언컨대 그건 절대로 스펙이 아니라고 말이다.

지금 당장 해야 할 일을 제대로 찾자. 네 진짜 스펙을 함께 만들어보자. 이제 더 이상 뚜렷한 결과도 없이 학비를 소모하지 말자.

'진짜 스펙'이란
과연 무엇인가?

우리 문과생은 수능을 통과하자마자, 온 몸을 바쳐 학점 관리와 영어 점수에 올인해왔다. 이 외의 다른 스펙도 사실 준비하기 만만치 않다.

그런데 나는 지금 너희들이 온 힘을 다해 준비해왔던 이 2가지가 스펙이 아니라고 말한다. 내 말에 망연자실했는가? 허송세월일지도 모를 지난 세월이 아쉬운가?

그게 진실이다. 아무도 말해주지 않았던 진실 말이다. 아마도 잘 몰라서 못해줬을 거다. 그렇게 믿어야 최소한 섭섭하진 않으니까 말이다. 우리 문과생의 '진짜 스펙'을 쌓기 위해 지금부터 마음의 준비를 하자.

여기서 유념해야 할 것이 있다. 그건 우리의 방향이다. 바로 '현장과 직무'다. 우리는 결국 사회와 기업의 현장에서 우리의 직무

능력을 발현해야 할 것이기 때문이다.

우리에게는 극히 제한된 시간밖에 없는 것처럼 느껴진다. 눈을 잠시 감았다 뜨면 졸업이다. 모두가 큰 맘 먹고 휴학해봤자 남는 것은 별다른 의미 없이 보낸 세월뿐이다.

◇◇◇◇◇◇

다람쥐 쳇바퀴에서
제발 빠져나와라

뜻을 펼치고 당장 무언가를 실행하고 싶은데, 아무것도 보이지 않는 막막한 현실인가? 주변을 보라. 모든 시험과 입사의 경쟁률은 치솟는다. 하지만 막상 모두가 명확한 목표를 세우거나 그 목표를 향해 달려들지는 않는다. 왠지 확신이 없어서다. 참 아이러니한 현실 아닌가?

경쟁은 경쟁일 뿐, 우리 스스로를 더욱 열정적으로 달리게 하는 것이 아니라 불안감만 가중시킨다. 그러다보니 당장 눈앞에 남들이 다하고 있는 것을 따라하는 게 맘이 편하니 너도나도 그렇게 하게 된다.

제발 다람쥐 쳇바퀴에서 빠져나와라. 남들이 의무적으로 하는 일을 해봐야 여전히 높은 장벽만 맞닥뜨릴 뿐이다. 모두가 당장은 해야 하니까 할 일을 한다. 그렇다. 수능은 봐야 하니까 수능을 봤고, 학점은 따야 하니까 전공 시험에 매진했고, 토익 공부는 해야 하니까 토익 시험을 준비했다. 어쩌면 누군가는 지금 이 순간, 이 책을 읽는 시간조차 아까울 수 있다. 왜냐하면 당장 해야 할 일이 있을 테니까.

오히려 극단적으로 뒤집어서 생각해보는 것은 어떨까? 당장 해야 할 일부터 접어라. 당장 지금 듣고 있는 수업의 학점에만 올인하지 않으면 어떻게 될까? 토익 준비를 당장 하지 않으면 말이다. 사실 마음만 당장 열심이지 뜻대로 잘 안 되는 것이 다반사다. 학점과 토익 점수에 올인했지만 그렇고 그런 결과만을 얻는 것이 솔직한 현실일 수 있다.

문송아, 지금 무언가에 얽매이지 마라. 이제 당당히 박차고 움직일 때다. 물론 학점과 토익 관리를 당장 집어치우라는 이야기는 결코 아니다. 무엇을 염두에 두고 앞길을 걸어 나가야 할 것인지의 문제다.

방향 없이 떠도는 청춘이 되어서는 안 된다. 넌 당당히 네 꿈을 구체적으로 실현할 것이고, 오늘 한 계단씩 오를 뿐이지만 마침내 계단들을 당당히 걸어 올라갈 것이다.

우선 '대학' 안에서 해결해야 한다.

그건 학점을 말하는 것이 아니다

우리는 움직여야 한다. 남들이 모두 골똘히 생각에만 잠겨 있고, 불안해하고 염려하고 있을 때 우리는 앞으로의 '현장과 직무'를 향해 걸어가야 한다.

왜 그 방향인지 지금은 묻지 말자. 일단 걸어보자. 그건 네게 부여된 운이다. 넌 함께 걸을 준비가 되어 있다. 너의 세월과 시간을 낭비하고 있다는 불안에 떨 필요가 없다.

그래, 길을 걷자. 걷기 위해 기초 체력을 비축하자. 그런데 기초 체력은 학교 안에서 올려야 한다. 기초 체력을 올리는 해답은 학원도 있지 않고, 과외에도 있지 않다.

반드시 학교 수업을 통해 기초 체력을 올려야 한다. 밖에서 괜한 돈만 낭비하지 마라. 우리가 비록 대학의 교수님들을 '꼰대'로 취급한다고 하지만, 평생을 그 학문 분야에 몸 바쳐온 분들 아닌가?

복수전공이나 부전공을 하라는 말은 아니니 안심해라. 굳이 그 전공이 필요해서가 아니라면, 애써 필수 요건을 맞춰가며 복수전공이니 부전공을 하라는 게 아니다. 학교 수업만큼 기초 체력을 보강하라는 것이다.

학교 밖에서 내가 말하는 기초 체력을 보강하기는 쉽지 않다. 문송아, 문과생의 진짜 스펙을 위해서는 더욱더 학교 안에서 뛰어야 한다. 그건 절대로 학점을 위해서가 아니다!

Just do it!

네가 아직 재학중이라면, 전 학과의 강의과목을 살펴보자. 그냥 '어떤 과에 어떤 수업들이 개설되는지'만 훑어보는 정도다. 네가 복수전공이나 부전공을 하지 않고서야 다른 학과의 과목을 본 적이 있니? 학원 정보는 귀를 쫑긋 세우면서 말이지.

문과생은 말을 잘 하고, 글을 잘 쓴다. 사회의 이슈를 바라보는 관점이 존재한다. 자기 견해를 논리적으로 피력한다. 그런데 진짜 글을 잘 쓰는 게 맞을까? 고등학교 때는 물론이고 대학 때도 팀플 발표 외에는 별달리 남들 앞에 말한 기억이 별로 없는데 말이다.

이과생은 기술technology을 안다. 그래서 산업별로 특화된 기술을 빨리 습득할 수 있다. 특히 공대생들은 각 전공마다 이미 산업 기술을 배우는 것이니 기본적으로 우리 같은 옹알이 수준은 넘어선 지 오래다.

문과생들은 기술을 모른다. 그래서 기술 용어만 나오면 움츠려든다. 기업체에서도 이것을 안다. 문과생들이 남다른 재능이 없다는 것을 말이다. 애써 뽑아서 현장에 투입해도, 산업과 제품에 대해 설명을 해줘도 잘 이해를 못하니 답답할 노릇이다.

세상은 이미
'숫자'의 시대다

그렇다면 문과생의 차별적 스펙은 진정 없는 것일까? 자, 이제 답을 찾아보자.

이과생이 '기술'에 밝다면, 문과생은 '숫자'에 밝아야 한다. 즉 경영 기획, 전략, 마케팅, 회계, 성과 관리, 인사, 총무, 대외 협력, IR 등 모든 문과생의 업무영역에서는 숫자를 다룬다. 기업 업무에 있어 숫자는 곧 '회계'를 의미한다.

대부분의 문과생 업무 영역은 사실상 CFO Chief Financial Officer 산하에 있다고 해도 과언이 아니다. 현대 기업의 본사 관리기능의 핵심은 바로 숫자를 통해 각 조직을 관리하는 것이다. 숫자의 근거가 없이는 제대로 된 보고일 리가 없다. 이제는 말로만 읊고 있는 보고는 용인이 안 된다. 명확하게 숫자로 말해야 하는 것이다.

네가 마케팅 직무를 지망한다고 하자. 그런데 회사의 영업성과 지표에 대해 개념조차 모른다고 하자. 마케팅이 주전공 분야이기 때문에 '4P 전략'은 잘 말할 수 있지만, 회계에 대해서는 얼씬도 할 필요가 없다고 생각한다.

단언컨대 이보다 더 자격이 부족할 수 없다. 왜냐하면 4P 전략을 짜든, 영업 전략을 짜든 구체적인 근거를 가지고 말할 수 있어야 하는데 회계를 모른다면 아예 들이댈 근거 자체가 없기 때문이다.

지금 당장 회계 관련 입문서들을 꼭 읽어보자. 이미 '숫자 경영'의 시대로 들어섰다. 기업 현장에 있는 모두가 부지불식간에 숫자, 즉 '회계'로 묻고 대답하는 것이다.

<hr />

네가 문과생이라면,
회계는 기본이다

문송아, 네 전공이 뭐든 간에 기본적인 회계 과목을 공부해야 한다. 네가 기술 쪽 전공이 아니라면, 사회와 기업은 네게 최소한 회계 분야의 능력을 기대하기 때문이다.

무조건 대학에서 수강신청을 통해 회계 공부를 해내라. 수업은 학점을 따기 위한 도구가 아니다. 값비싼 등록금을 내고 당당히 네가 배워야 할 과목을 들어라. 이 얼마나 즐겁고 흥분되는가? 네가 꼭 들어야 할, 듣고 싶은 과목을 학교에서 정식으로 들을 수 있으니 말이다. 왜 학원에 다니며 애써 또 돈을 내고 들어야 하니?

자, 회계 과목으로 2과목만 들으면 된다. 교양은 들을 수 있어도 회계 2과목은 못 듣겠다고 한다면 말이 안 된다. 전공 불문이다. 그리고 회계 과목이 평점을 떨어뜨리니 안 듣겠다고 말하지 마라. 그건 그저 핑계일 뿐이다.

첫 번째 필수 과목은 '회계학 원리(또는 회계학 원론)'다. 회계는 기업에서 사용하는 가장 기본적인 언어이므로 전반적인 흐름을 알아야 한다. 두 번째 필수과목은 '관리회계'다. 각 조직 및 직무마다 상황과 필요에 따라 회계 수치를 사용하는 방법을 배운다. 그러니 필수 과목이다.

다만 네가 상경 계열이라면 한 과목을 더 공부하길 권장한다. 역시 세부 전공 불문이다. '경영분석'은 회계 수치를 가지고 기업의 실적을 분석해보는 것이니 좋은 과목이다. '원가회계'는 제품 생산과 공정의 흐름에 따라 회계 수치를 만들어내는 것이니 어렵지만 기본 체력이 강화된다. '중급회계'는 재무제표를 심도 있게 이해를 해보는 과목인데 역시 기본 체력이 강해진다. 이 3과목 중에서 한 과목을 해보길 권장한다.

물론 위의 수업을 달랑 듣고 끝나면 안 된다. 보통은 수업만 듣고 끝난다. 그 다음은 '연차보고서'와 '애널리스트 리포트'를 읽어내야 한다. 그것이 회계를 공부하는 목적이다. 연차보고서와 애널리스트 리포트는 회계를 모르면 읽어낼 수가 없다(연차보고서와 애널리스트 리포트는 뒤에서 자세히 이야기하자). 어쨌든 회계 과목을 이수했다고 하더라도 연차보고서와 애널리스트 리포트를 읽지 않으면 허당이다.

묻고 싶다. 넌 왜 애써 그 어려운 회계 과목을 들었니? 넌 이과생들과 달리 연차보고서와 애널리스트 리포트를 읽어내야 한다. 기업이 그 능력을 원하고 있다. 그래서 문과생인 너는 최소한의 회계 스펙을 갖춰야 한다. 네가 숫자를 이해하고 숫자로 말하는 순간이 오면 네가 굳이 "죄송합니다"라고 말할 이유가 없는 것이다.

Just do it!

오늘 서점에 가서 서점 직원에게 가장 많이 팔리는 회계 관련 입문서 한 권을 추천해달라고 하자. 그리고 그 책 한 권이라도 제대로 읽어보자.

'통계학'이라는 산은
반드시 넘어라

물론 통계학은 이과생들이 잘할 수도 있다. 순수 이론적인 측면에서 보자면 말이다. 그렇지만 문과생이 통계학을 공부하고, 통계 프로그램을 익숙하게 사용한다면 경영 현장의 어떠한 곳에 있더라도 엄청난 괴력을 보여줄 수 있다.

회계의 기본을 일단 갖추고 SPSS, SAS, R 등의 통계 패키지를 다룰 수 있게 된다면 진정한 숫자 스펙을 갖추게 된다. 제4차 산업혁명이 도래하기까지 코딩coding 능력이 강조되고 있는 실정에서 최소한 통계 패키지를 다룰 수 있다면 문송이로서는 꽤 괜찮은 스펙이다. 그러니까 문송아, '통계학'이라는 산은 반드시 넘도록 하자.

◇◇◇◇◇

직무능력검사의
수리 영역은 덤이다

쉿! 여기서 숨겨진 비밀이 있다. 통계학의 개념을 자주 접하다 보면, 직무능력검사의 수리 영역이 부쩍 강해진다. 직무능력검사의 수리 영역에서는 기초 연산능력, 기초통계 능력, 도표분석 능력, 도표작성 능력, 이렇게 4가지를 평가한다. 기초 연산능력을 제외하면, 모두 통계의 영역이다. 문과생에게 블랙홀이 바로 수리 영역 아닌가? 문제집을 통해 점수를 올리는 것도 한계가 있으니 말이다.

이 놀라운 발견을 굳이 외면할 필요가 있는가? 수리 영역의 기본 체력이 가공할 만해지는 것이다.

나 같으면 '통계'라는 글자가 들어가는 유사한 과목들은 순차적으로 수강신청해서 가능한 모조리 들을 것이다. 학점 관리를 들먹이지 마라. 학점 관리의 목적이 도대체 무엇이란 말인가?

학원이나 다른 곳에 돈을 버리지 말고, 학교에서 통계학 과목을 수강신청해서 들어라. 그리고 꼭 네 손으로 직접 숫자를 입력해서 통계 패키지를 다룰 수 있도록 해라.

SPSS, SAS, R 등 어떤 것이든 상관없다. 그러니 반드시 직접 다루어보길 바란다.

◇◇◇◇◇◇

통계 관련 자격증까지
한걸음 더 나가자

자, 여기서 한 걸음 더 나갈 수 있겠는가? SPSS, SAS 자격증 등 통계 처리 프로그램 관련 자격증, 사회조사분석사 등 전문데이터분석 관련 자격증까지 한걸음에 달려가보자.

네가 통계학 과목을 수강했다는 것만 가지고는 부족하다. 물론 네가 통계학 개념을 알고 통계 패키지를 다룰 줄 알게 된 것은 훌륭하다. 그렇지만 통계 관련 자격증을 공부해보면, 많은 문제들을 다루어보면서 실전 감각이 높아진다. 그래서 실제 직무 환경에서도 통계 패키지를 다룰 수 있게 되는 것이다. 즉 통계 관련 자격증을 획득하기까지 자연히 많은 능력이 확보된다.

가뜩이나 다루기 싫은 숫자를 공부해야 하는 회계학과 통계학이라니, 벌써 암울해지고 지칠 것이다. 그러나 너는 '기술'이 없는 자리를 누구도 가지지 못한 '숫자'로 가득 채우고 있는 것이다.

이는 한 발짝도 물러설 수 없는 전투다. 여기서 지면 끝장이라 생각해라. 그러니 반드시 '통계학'이라는 산을 넘어라! 그리고 그 산을 넘는 곳은 '대학교 교문 안'이다.

Just do it!

학교 강좌 중에 '통계학 개론' '통계학 원론' '통계학' '경영통계' '통계학 특강' '통계프로그래밍' 'SPSS or SAS or R 로 배우는 통계학' 등의 과목이 개설되었는지 조회해보자.

스펙의 마무리는
'대학 국어' 수강이다

"국어라니? 영어도 바쁜데 무슨 뚱딴지 같은 소리냐?" 이런 반문도 나올 법하다. 그런데 한 번 생각해보자. 문과생에게는 글을 잘 이해하면서 표현하고, 말을 잘 이해하면서 표현해야 할 것이 기대된다. 우리나라 교육의 현실이 글과 말을 잘 이해하고 표현하도록 하는 데 도움을 주지 못한 것도 맞다. 그렇지만 수능까지 달려왔으니 국어 하나는 마스터한다는 생각으로 더 가보자.

대학의 국어 과목을 조회해본 적이 있는가? '국어학 개론' '국어의 의미와 화용' '국어교과 논리 및 논술' '국어 문법론' '국어 어휘론' 등 다양한 과목이 있다.

막상 국어 과목을 접해보면 엄청난 논리적 구조와 사고에 대해 깜짝 놀라게 된다. 일상 회화에 도움이 안되는 영문법은 그렇게 보았는데, 막상 국어는 쳐다본 적이 없는가?

돈 버리지 말자. 교양으로 개설되면 다행이지만, 국문학과 위주의 전공 수업이라면 역시 학점 따기는 만만치 않을 것이다. 이제 와서 두려운가? 그 만만하던 국어가 말이다.

굳이 철학이나 논리학을 공부하지 않아도 국어학을 공부하면 언어와 논리적 사고가 자신도 모르게 발전한다. 이는 수능까지 달려온 마당에 과히 화룡점정(畵龍點睛)이라 할 수도 있다.

설마 직무능력검사에
국어가 도움이 될까?

쉿! 알려지지 않은 진실 하나가 있다. 직무적성검사에서 언어능력 분야는 문서이해 능력, 문서작성 능력, 경청 능력, 의사표현 능력, 기초 외국어 능력을 평가한다. 기초 외국어 능력 빼고는 모두 글과 말을 이해하고 표현하는 능력 아닌가? 그렇다면 언어 능력 분야는 누가 출제할 것 같은가? 당연히 국어학을 전공한 교수님이나 전문가 분들이 출제하지 않겠는가?

여담이지만 경영학을 전공한 나에게 "경영 현장 경험이 많으시니 문서 이행 능력 분야의 문제들을 출제해주십시오"라고 부탁한다면 나는 과연 국어를 출제할 수 있겠는가?

네가 국어학 과목을 신청해서 수강했다면 넌 이미 출제자로부터 문제 출제 방향을 상세히 들었다는 뜻이다. 대학에서 국어학을 접해볼 수 있는 좋은 기회들을 외면하고, 얄팍한 문제집에 의존해서 직무적성검사의 언어 능력의 고득점을 노린다고 해서 성적이 부쩍 올라갈 수는 없는 것이다.

문송아, 대학에서 국어학 과목을 수강해라. 대학은 대학 본연의 중요한 기능으로 바로 국어학을 가르치고 있는 것이다. 국어학 과목에서 사용되는 소재가 되는 글은 대한민국 역사상 가장 좋은 글이다.

한 번 국어를 배워봐라. 분명히 깨닫고 얻는 것이 있을 것이다. 그리고 이왕이면 재미있게 공부해봐라. 좋은 글은 정신과 마음을 흠뻑 빠지게 하는 매력이 있다.

◇◇◇◇◇

이왕 시작한 김에
국어 자격증까지 가볼까?

자, 국어학 과목을 통해 기본 체력이 강해졌는가? 그렇다면 이제 전후사정 따지지 말고 국어능력인증시험을 준비해보자.

물론 국어능력인증시험을 준비해서 자격을 획득한다 하더라도 언어 능력이 크게 향상된다고 확신하기는 힘들 수 있다. 마치 수능의 언어 영역과도 유사한 자격을 대학에서 또 준비하라고 하면 귀찮고도 번거롭긴 하다.

　그렇지만 대부분 공기업에서 사무 관련 분야라면 국어 능력 자격을 인정하고 있다. 즉 가산점을 부여하는 것이다. 공기업을 목적으로 직무적성시험의 언어 영역을 공부하기 이전에, 우선 국어능력 인증 시험을 준비해라. 그래서 국어학에서 배운 내용을 테스트하고 발현해보는 것이다. 물론 그 성격이 상당히 다르지만, 그래도 국가에서 인정하는 국어 영역에서 우수한 점수를 획득한다면 넌 그 분야에서 어느 정도 능력을 확보해가고 있는 것이 틀림없다.

◇◇◇◇◇◇

'국어학'도 모자라
'논리학'까지 들으라고?

네가 여유가 많다면, 논리적 사고 능력과 발표 능력을 키우기 위해 많은 시간과 에너지를 쏟을 수 있겠지만 우리의 선택은 수능 연장선상에서 기본 체력을 효과적으로 높이는 것이 대안이 될 것이다. 이러한 맥락에서 '국어학'에서 좀 더 나가 '논리학' 과목을 수강했으면 한다. 예를 들면 중앙대의 경우에는 철학과에서 '논리학' 과목을 개설하고, 공공인재학부에서 '논리적 이해와 의사소통'이라는 과목을 개설하고 있다.

직무능력검사에서 가장 중요한 기본 능력이 '언어 능력', '수리 능력'에 이어 '문제 해결 능력'이다. 대부분 공기업에서 직무능력검사를 본다면, 이 3가지 능력은 반드시 포함해서 문제를 출제한다.

문제해결능력 분야의 세부 분야에는 '사고력'과 '문제 처리 능력'이 포함된다. 이 중에서 사고력 분야가 관건이다. 사고력의 세부요소는 창의적 사고, 논리적 사고, 비판적 사고이다. 이 분야는 철학의 세부 학문 분야인 논리학에 기반한 평가라고 해도 과언이 아니다.

물론 난해하기 그지없는 대학의 논리학 과목들을 수강한다고 해서 논리적 사고 능력이 갑자기 커지기를 기대하기는 힘들 것이다. 그러나 논리학 과목을 통해 적어도 논리적으로 생각하는 기준과 틀을 습득할 수 있다.

그렇다. 대학은 학문을 배우기 위해 간 것 아닌가? 철학과 논리학이야말로 과거부터 대학이 존립해오면서 가장 중시했던 과목들 아닌가?

문송아, 이제 얄팍한 문제집 몇 권으로 승부를 보려는 단타 전략은 버려라. 진중하게 학내에서 수강해서 기본 체력을 튼튼하게 한 후, 이를 기본서 삼아 나중에 필기시험에 도전하자. 그때가 바로 진검승부다.

네가 여유가 많다면, 논리적 사고 능력과 발표 능력을
키우기 위해 많은 시간과 에너지를 쏟을 수 있겠지만
우리의 선택은 수능의 연장선상에서 기본 체력을
효과적으로 높이는 것이 대안이 될 것이다.

대한민국 문과생인 그대의 표적은 무엇인가?

공기업의 유형에 따라 채용 방식을 살펴보자.

채용 규모도 보고, 산업군도 고려해야 한다.

연차보고서, 사업보고서, 애널리스트 보고서를 교과서처럼 들고 다니자.

기본 서류 요건은 반드시 파악한 후 미리 구비해놓자.

4장

표적을 정한 후에
집중 또 집중하라

추격자이기에
3곳만 노려야 한다

아프리카 북부 케냐에 있는 사바나 평원에는 3천여 종의 야생동물이 살고 있다. 이 중에서 동물의 왕은 단연코 사자다. 우리는 TV 프로그램 '동물의 왕국'에서 사자들의 사냥법을 보면서 자라왔다. 한마디로 표적 사냥이라 할 수 있다. 표적을 정해 그 표적을 잡기 위해 협공하는 것이다. 순간마다 표적이 바뀔 수도 있다. 그렇지만 새로 정한 표적에 대해 모두가 협력해서 다시 뛴다.

공기업들은 너무나 각양각색이고, 더구나 채용 방식은 더욱 다양하다고 알려져 있다. 그래서 모두가 가이드라인을 잡기가 어렵다고 알고 있다. 때문에 모두가 선택하기조차 주저한다. 물론 결국 알아보지도 않게 되지만 말이다.

하지만 아는가? 네가 사바나 평원 위의 한 마리 사자이고, 200미터 앞에 검은 물소들이 무리지어 있다고 하자. 사자로서도 만만치 않은 먹이 상대다. 이때 네가 막연히 물소들이 많이 군집되어 있는 곳에 무작정 전속력으로 뛰어 들어가면 과연 물소 한 마리라도 잡을 수 있을까?

잘 생각해보자. 모든 싸움은 눈에 선명히 적이 들어와야 한다. 빠른 속력을 내야 하는 순간이든 아니면 당혹스러운 상황이든 눈은 무언가를 똑바로 주시해야 한다. 알다시피 시선을 분산시키고 감정의 기복이 있으면 초점이 흔들린다.

아마도 사자들이 협공하며 표적 사냥을 할 때, 그 중 어떤 사자도 예외 없이 단 한 놈만을 끝없이 주시하고 있을 것이다. 모두가 전속력을 다해 뛰면서도 말이다.

◇◇◇◇◇◇

어떤 놈이
사자의 표적이냐?

네가 눈을 똑바로 주시할 공기업을 도대체 모르겠다고? 네가 사자라면 전속력으로 달려들어야 할 표적을 잘 모르겠다고?

사자의 표적이 무엇이냐? 네가 사자라면 어떤 놈을 잡아야 할까? 바로 네가 가장 쉽게 잡을 수 있을 만한 놈만 보는 것이다. 일단 다른 놈들은 볼 것도 없다.

그런데 표적만 쫓다가 이놈 저놈 다 놓칠 것 같다고? 네가 눈을 똑바로 치켜뜨면서 전속력으로 달려 표적만을 쫓는 방법을 알고 있는데, 네가 동물의 왕인 사자의 사냥법을 몸속으로 체득하고 있는데 무엇이 두렵단 말이니? 한 번 체득한 사냥법으로 넌 이제 언제든 달려들 준비가 되어 있는 것이다. 한 번 격렬히 뛰어보면 어떻게 하면 표적을 잡을지가 명확해진다.

공기업을 표적으로 보고, 그럼 어떻게 표적을 선택해야 할까? 그렇다. 표적 사냥의 진리를 다시 보자. 다른 놈들은 볼 것도 없다. 오직 네가 잡을 수 있을 만한 놈을 보는 것이다.

<hr>

대한민국 문과생인
너의 표적은?

그럼 공기업 중 표적을 골라보자. 누구나 알 것 같은 간단한 원칙이지만 아무도 집중하지 않는 원칙이다. 어차피 남들은 채용 공고문조차 찾아보지 않는다. 왜냐하면 특정한 표적을 주시할 엄두가 안 나기 때문이다.

실제로 공기업 입사를 준비하는 사람들에게 물어봐라. 공기업에 관심을 둔 친구들이 최소한 한전의 채용 공고를 찾아보았는지 말이다. 다른 건 생각 말고, 우선 채용 공고를 일일이 살펴보고, '서류와 필기시험에 승산 있는 곳'을 골라야 한다.

그런데 '사자의 물소 사냥'과 '너의 공기업 사냥'이 다른 점이 2가지 있다. 첫째, 사자들의 단체 사냥과 달리 협공이 없다. 너 홀로 뛰어야 한다. 그런데 그건 남들도 마찬가지다. 그래서 자신이 뛰고 있는 방향에 대해 항상 의심이 많이 들게 된다. 누군가의 경험이 필요할 수도 있다. 그런데 이 부분은 걱정마라. 나와 함께 갈 거니 말이다.

둘째, 사자는 표적 한 개를 겨냥하지만, 넌 3개를 겨냥해야 한다. 즉 한 기업에서, 그리고 네 직무에서 지난 해 채용공고가 있었더라도 금년에 채용 공고가 없을 수도 있다. 게다가 그룹핑grouping해서 유사한 채용 방식이라면, 결국 3개의 표적이 모두 동일한 표적이 될 수도 있다. 3개를 집중적으로 겨냥하지만 사실상 표적 한 개를 겨냥하는 셈이다.

Just do it!

'동물의 왕국' 프로그램에서 사자가 사냥을 하는 장면이 나오거든, 모든 일을 멈추고 지켜보자. 숨죽여 집중하면서 말이다.

채용 유형을
폭파하라

공기업의 채용 방식이 하도 복잡하다고 소문이 자자하다. 이미 이야기했듯이 모두가 소문을 숭배한다. 그러니 아주 간명히 설명해줄게. 그러면 누구에게도 오리무중인 것이 비로소 명확하게 보일 것이다.

앞서 공기업의 유형을 2개로 나누었는데, 다시 살펴보자. 공기업에는 유형의 제품을 생산·관리하는 '유형I'과 무형의 무언가를 제공하거나 관리하는 '유형II'가 있다.

'유형I'에는 한국전력, 한국가스공사, 한국석유공사, 한국도로공사, 한국수력원자력, 인천국제공항공사, 한국철도시설공단, 한국철도공사 등이 있다고 했다. '유형II'에는 금융감독원, 예금보험공사, 한국은행, 한국산업은행, 국민연금관리공단 등이 있다고 했다. 물론 금융뿐만 아니라 문화, 예술, 봉사 등 다양한 성격의 기관들도 포함된다.

그런데 금융을 제외한 기관들은 채용 규모가 소수이고, 기관만의 독특한 스펙을 요구하는 경우가 많다. 이는 네가 직접 기관 웹사이트에 들어가서 확인해야 한다.

앞으로는 공기업의 유형에 따라 채용 방식을 살펴볼 것이다. 그런데 여기서 유념할 것이 있다. 지금 표적 공기업을 고르는 것이 목적이므로, 가장 장벽이 높은 필기전형을 기준으로 분류하고자 한다. 필기전형을 통과할 가능성이 첫 번째 기준인 셈이다. 그게 명확하고 가장 전략적인 것이다.

'직무능력검사' 중심이
첫 번째 방식이다

우선 '유형I'의 공기업의 채용 방식을 살펴보자. 이 기업들은 '전공(전문) 지식'보다는 '실무적 직무 수행 능력'에 보다 중심을 두고 있다. 그래서 필기전형에서 'NCS 직무능력검사'를 중심으로 평가한다.

'유형I'의 공기업도 간명히 2개의 그룹으로 분류할 수 있다. 다음의 표를 한 번 보자.

〈유형 I 의 두 그룹〉

유형 I	직무능력검사	전공 선택 또는 공통(한 과목)
유형 I -A	O	X
유형 I -B	O	O

유형 I에서 'A형'은 직무능력검사만 시행한다. 한전(1,271), 한국철도공사(1,091), 한국수력원자력(661), 한국토지주택공사(200), 한국가스공사(130), 한국도로공사(175), 한국석유공사(21) 등이 대표적이다(괄호는 2017년 기준 정규직 채용 규모임).

지금 열거하는 공기업 중 한전, 한국철도공사, 한국수력원자력은 채용 규모(2017년 기준)가 상당한 공기업들이니 잘 기억해야 한다. 물론 정규직 채용시 문과생 영역인 사무 및 관리직이 상당 부분 포진되어 있다.

다음은 유형 I에서 'B형'인데, 직무능력검사에서 '전공선택'이나 '공통일반' 가운데 한 과목을 보게 된다. 물론 필요에 따라서다. 인천국제공항공사(228), 한국농어촌공사(252)가 대표적(괄호는 2017년 기준 정규직 채용 규모임)이다. 2개의 기업 모두 직무능력검사에 추가해서, 경영학과 경제학 중 한 과목의 전공선택 시험을 보게 된다. 물론 상경 계열이나 CPA 준비 경험이 있으면 유리하겠지만, 경영학이나 경제학은 어느 전공이든지 대학에서 공부할 여건은 되니 감안하자.

이러한 전공선택과목으로 흔히 경영학, 경제학 외에도 법학, 행정학 등이 포함된다. 유사하지만 좀 다르게, 한국중부발전(117)은 직무능력검사에 추가해서 일반공통과목인 한국사 시험을 치른다. 네가 공시를 준비한 경험이 있다면 물론 유리하다.

일반공통과목에는 흔히 한국사 외에도 국어, 영어, 시사·상식 등이 포함되기도 한다.

◇◇◇◇◇◇

다른 유형은
'전공시험' 중심이다

이제 '유형II'로 옮겨서 얘기해보자. 이 기업들은 금융 공기업과 같이 전문적 영역에 속하기 때문에 기존의 관행대로 '전공(전문)지식'에 중심을 두고 있다. 그래서 전공 지식을 평가하는 필기전형이 결정적이다. 회계사나 그밖에 공인자격사에 준하는 시험 난이도를 갖는 경우가 많다.

대표적인 곳이 금융감독원이다. 필기시험을 2번이나 보게 된다. 우선 1차에서 경영학, 경제학, 법학, 통계학, 금융공학, IT 중한 과목을 선택해서 치른다. 그래서 1차에 합격하게 되면, 1차 합격자를 대상으로 2차에서 동일 전공과목과 논술 시험을 치른다. 전공과 논술을 동일 배점으로 합산해서 2차 성적을 가지고 최종 필기합격자를 선발한다. 그리고 그 이후에 면접을 본다.

한국산업은행의 경우는 1차 필기전형에서 경영학, 경제학, 법학 중의 한 과목을 선택해서 치르고, 2차 필기전형은 일반 시사 논술 시험을 치른다. 어쨌든 필기시험이 결정적이다. 그렇다 하더라도 면접에 가면 결국 직무 경험이나 직무 능력을 감안해서 선발하게 되니 공시와 같은 건 아니다.

네가 공인회계사 시험이나 기존의 행시(특히, 재경 분야)를 준비를 해본 적이 있다면 유형 2를 노려볼 만하다. 다 알고 있겠지만 말이다. 그럼 정리해보자. 유형I은 직무능력검사 중심이고, 유형II는 전공시험 중심이다. 가능한 네게 적합한 유형을 생각해보자. 가능한 유형 1-A, 1-B, II 중에서 한 그룹을 선택하자.

Just do it!

네가 공시, CPA, 행정고시, 로스쿨을 준비한 적이 있다면 지금부터 공기업에서 보는 시험 과목을 비교해보자.

네게 유리한
'TOP 3' 표적을 선택해라

다시 한 번 반복할게. 우선 유형 1-A, 1-B, II 중에 한 그룹을 선택하자. 이제 각 유형 내에서 표적 공기업을 고르는 방법이다. 몇 가지 원칙들이 있다. 물론 서술하는 순으로 중요하다.

첫째, '선택과목〉 자격증(가산점) 〉 지역(가산점)' 순의 우선 순위로 네게 유리한 'Top 3'를 선택해야 한다.

예를 들어보자. 네가 유형 1-B 를 선호한다고 하자. 그런데 넌 경영학부에서 회계보다는 전략, 마케팅, 인사 등 비(非)회계 경영 과목들을 좋아했다고 하자. 그런데 인천국제공항공사에서 '경영학 또는 경제학' 중의 한 과목을 전공시험으로 요구하고 있다. 그러면 인천국제공항공사를 일단 너의 바구니에 넣어라.

어떤 경우는 네가 SPSS 자격증, 국어능력인증(ToKL) 2급을 가지고 있는데, 이를 인정해주는 곳이 있다면 선택과목 다음에 이를 고려해야 한다.

네 출신 대학의 지역 등 가산점은 서류전형 통과에 있어 중요한 요소이니 이 또한 마지막 순위로 고려해야 한다. 그런데 이는 네가 가진 자격증 가산보다 우선할 수는 없다. 왜냐하면 당연히 자격증은 지역보다 네 직무와 관련성이 훨씬 높기 때문이다.

◇◇◇◇◇◇

채용 규모도 보고,
산업군도 고려해야 한다

그 다음에는 과거 채용 규모나 내년도 채용 계획을 고려해야 한다. 특히 Top 3 중에 한두 기업은 연간 채용 규모를 고려해야 한다. 매년 뽑는지, 격년으로 뽑는지, 필요한 해만 뽑는지 그 주기도 매우 중요하다. 웹사이트에 과거 채용 공고문도 있으니 연간 채용 인원을 직접 적어보자.

마지막으로 산업군을 고려해야 되는데, 유사 산업이면 좋다. 예를 들어 한전, 한국수력원자력, 한국중부발전, 한국남동발전, 한국서부발전 등은 모두 발전 산업이므로 유사군으로 볼 수 있다. 이들을 묶어서 표적화하는 것이다.

한전은 국내 사업의 경우 한국수력원자력, 한국중부발전, 한국남동발전 등으로부터 생산된 전력을 송전 및 배전해서 소비자에게 공급해(정확히는 이들 회사들은 상호 연결회사인데 너무 깊게는 생각 말자) 정확히는 송·배전 사업이라 할 수 있다.

유사 산업은 동일(유사) 공정을 갖는 경우가 많기 때문에 이에 집중하면 전문성을 높일 수 있다. 물론 유사 산업의 기업들은 유사한 전형을 실시하는 경우도 많다.

최소한 'Top 1'으로 골라낸 기업의 수요 산업이나 부품 산업(수직계열화)도 괜찮다. 예를 들어보자. 철을 생산하는 포스코가 있다. 철의 수요 산업은 자동차, 조선 산업이다. 그리고 포스코에게 철 생산을 위한 원료나 부품을 공급하는 회사는 부품 산업(수직계열화)이다.

우리는 꽃놀이패를 즐길 시간이 없다. 무조건 들어가야 하지 않니. 공기업들의 웹사이트에 방문해서 집중적으로 채용 공고문을 서핑surfing해라. 서핑하고, 몇 가지만 메모하면 끝이다. 즐거운 마음으로 표적을 골라보자.

Just do it!

한전의 홈페이지(http://home.kepco.co.kr/kepco/main.do)에 가서 회사 소개의 사업 내용을 가볍게 읽어보자. 발전 산업에 대해 대충은 이해할 수 있어.

그 기업의 교과서는
꼭 봐야 한다

지금부터 접근하는 것은 경영컨설턴트로 현장에서 컨설팅할 때 가장 기본적으로 알고 있고 실행하던 노하우이다. 물론 대단한 것이 아닌 가장 기본인 것이다. 문제는 기본도 안하는 사람들이 대다수라는 것이다.

표적 공기업이 선정되면, 당장 웹사이트부터 들어가야 한다. 웹사이트 탐색은 워밍업을 하는 단계지만 중요하다. 웹서핑한다는 가벼운 마음으로 해보자.

한전의 예를 보자. 웹사이트에 들어가면 회사 소개가 나오고 그 아래 한전 소개, 사업 소개 등이 보인다. 이 중에서도 핵심이 바로 '사업 소개'다. 앞으로 '3대 기업보고서'라는 교과서를 볼 건데, 무엇보다 '사업'에 대해 관심을 갖고 봐야 한다. '3대 기업보고서' 는 연차보고서, 사업보고서, 그리고 애널리스트 보고서를 말한다.

연차보고서를 보지 않고

기업을 안다고 하지 말자

첫째, 연차보고서annual report 다.

연차보고서는 많은 회사가 웹사이트에서 IR 정보로 제공하고 있다. 이 연차보고서는 CEO가 회사 주주들에게 경영을 열심히 하고 있다고 알려주는 보고서다. 그래서 경영컨설턴트들이 경영컨설팅을 하기 위해 가장 중요하게 여기는 보고서이기도 하다. 그런데 놀랍게도 상경계생조차 연차보고서를 잘 모르는 사람이 많다.

한전 웹사이트로 가보자. 'IR 센터'로 가서, IR 정보 → IR 자료실까지 접근하면 연차보고서를 다운로드받을 수 있다. 이 연차보고서는 그 중요성을 아무리 강조해도 지나치지 않다.

연차보고서를 보는 방법은 간단하다. 100번을 읽는 마음으로 계속 읽고 줄을 긋고 가지고 다니자. 암기할 것도 없이 그냥 눈에 들어오는 대로 계속 읽으면 된다. 제일 첫 번째 교과서라고 할 수 있다. 일단은 연차보고서를 계속 읽자. 이 책의 6장에서 연차보고서를 포함한 3대 보고서를 폭파하는 구체적인 요령을 이야기하도록 하자.

사업보고서를 봐야

사업 내용을 안다

둘째, 사업보고서다.

사업보고서는 회사의 웹사이트나 금감원 전자공시시스템 DART (https://dart.fss.or.kr)에 공시되어 있어. 법적으로 강제되는 보고서다. 그래서 목차도 동일하거나 대동소이하다.

사업보고서는 상당한 분량이지만, 집중적으로 볼 것은 하나다. DART에서 한전의 사업보고서를 받아봐. 그리고 한전의 사업보고서의 'II. 사업의 내용'을 봐야 한다. 다른 건 볼 필요 없다. 오직 사업 내용을 보도록 하자.

간단하다고? 그래, 사실 간단하다. 그렇지만 해야 할 일이 있다. 사업 내용을 출력해서 아까 연차보고서와 통합한 교과서를 들고 다녀야 한다. 왜냐고? 이제 너의 소중한 교과서니까. 이 역시 들고 다니면서 계속 읽어내려가면 된다.

보고서 제목에서 유추할 수 있듯이, 사업보고서를 읽을 때는 '회사가 어떤 사업을 하는지 그래서 어떤 제품이나 서비스를 제공하는지'에 초점을 맞추면 된다.

◇◇◇◇◇◇

남다르고 싶으면

애널리스트 보고서를 봐야 한다

마지막으로 애널리스트 보고서다.

공기업이 주식시장에 상장되어 있으면, 각 증권사에서 애널리스트 보고서를 발행한다. 네이버(http://finance.naver.com/research/company_list.nhn)에서도 손쉽게 구할 수 있다.

애널리스트가 자신의 이름과 실적을 걸고, 최선을 다해 만드는 보고서다. 애널리스트보다 회사 외부에서 회사를 공부하는 사람이 많지는 않다. 각 증권사마다 애널리스트가 있고, 주기적으로 각 증권사는 리포트를 올린다.

경제신문을 읽는다고 생각하고, 주기적으로 최근 10개 정도 다운로드받아서 출력해 들고 다니며 봐야 한다. 물론 그렇게 하기가 다소 어려울 것이다. 리포트 뒷부분에는 숫자들이 많은데 그 숫자를 외워야 한다.

처음에는 어렵겠지만, 네가 학교에서 회계 과목을 수강했다면 충분히 접근할 수 있다. 애널리스트 보고서는 교과서 중에서도 가장 고급이다. 네가 만약 이 고급 교과서를 술술 읽어낼 수 있으면, 이유 불문하고 넌 독보적인 인재가 될 것이다.

Just do it!

한전의 홈페이지에 가서 연차보고서를 찾아서 내려받아보자. 연차보고서를 보
지 않고는 그 기업을 알 수 없다.

기본 서류 요건을
미리 구비해놓자

표적 공기업이 정해지면 우선 서류 요건을 미리 맞춰 놓아야 한다. 블라인드 채용이니 학점은 보지 않겠지만, 토익은 기본을 요구하는 경우가 많을 것이다. 알다시피 700점이나 750점이 될 거다.

이쯤에서 너는 의문을 가질 거다. "스펙에 매달리지 마라"고 앞에서 말해놓고, 여기서는 "토익의 기본을 맞추라"니 말이다.

그러나 지금은 상황이 다르다. 네 머릿속에는 한전이 들어와 있다. 네가 사자로서 한전이라는 먹잇감을 잡아먹어야 하는 상황이다. 무슨 상황이냐고? 네가 한전을 잡아먹지 않으면 넌 굶어 죽는 상황이다.

그렇다면 예전에는 어떤 상황이었을까? 돌이켜보면 남들이 공기업 준비한다고 하니 막연히 토익 시험을 준비한 거다. 아니면 어차피 다른 진로를 택해도 토익은 필요하니 그저 토익 공부를 한 거다.

네가 '어차피 해야 하니까' 하는 일은 의무이자 피로다. 그대는 어차피 해야 할 일을 흥분되게 한 경험이 있는가? 난 지금까지 의무가 흥분되어 본 경험이 많지 않아서 물어본 거다. 그럼 '표적이 정해지면 토익 공부도 흥분되는 것인가?'라는 의문이 있을 거다.

지금은 네 표적이 정해지고 나서 단 한 번도 의심없이, 그리고 반드시 가고 싶다는 마음으로 가득차 있을 때다. 실행해보자. '토익 시험 준비한다고 무의미하게 보낸 세월이 왜 그리도 길었을까?'라는 반성이 스멀스멀 올라올 것이다.

<><><><>

블라인드 서류전형에서
직무 관련 자격증은 중요하다

이제 네 표적으로 가자.

자, 다음은 네가 채용 공고에서 본 기억이 있을 거다. 다시 확인해보자. 자격증이 필요하다. 미리 말했지만 통계 자격증, 국어능력 자격 정도는 확보해놔야 한다.

선생이 앞서 학교 수강을 통해 해결하라고 했다. 그 다음 자격을 확보해놓는 거다. 물론 직무능력검사를 준비하기에 앞서 훌륭한 체력을 갖추는 것임을 잊지 마라.

혹 네가 능력이 된다면, 회계 과목을 수강한 이후에 '재경관리사' '전산회계 1급, 2급' 등의 회계 자격증에 도전해봐라. 물론 네 표적 공기업에서 가산점을 준다면 말이다.

공인회계사, 세무사를 준비하라는 것이 아니니 오해하지 마라. 네가 공인회계사, 세무사 등의 준비를 한 적이 있다면 최소한 회계 관련 자격증을 구비해놓는 것은 기본이겠지. 만약 경영학을 전공, 복수전공 및 부전공 등을 했으면, '경영지도사'도 괜찮다. 특히 유형 I-B 같이 필기시험에 경영학이 선택과목으로 포함되어 있다면 병행해서 공부하기에 좋다.

마찬가지로 네가 공시를 준비한 적이 있다면 한국사능력시험을, 대기업을 준비해왔다면 한자능력시험도 좋겠다.

블라인드 서류전형에서 직무 관련 자격증을 놓치지 않고 구비해 놓는 일은 매우 중요하다. 기본적인 일이니 잘 숙지해서 미리 준비해놓도록 하자.

우선 표적 공기업의 과거 2년간 채용 공고문을 확인하자. 그리고 표적 공기업들이 공통적으로 요구하는 자격증군에 우선 순위를 두고 획득 가능성을 탐색해보자.

커다란 산(山),
직무능력검사

직무능력검사는 반드시 넘어야 할 산이다. 혹 네가 대기업이나 중견기업을 준비하더라도 인적성검사가 있으니 비교해보자. 이 직무능력검사에서 대부분이 걸러지니, 중요성은 거듭 말할 필요가 없다. 이미 말했지만 직무기초능력을 중심으로 평가하게 된다.

'(1) 의사소통, (2) 수리, (3) 문제해결, (4) 자기계발, (5) 자원관리, (6) 대인관계, (7) 정보, (8) 기술, (9) 조직이해, (10) 직업윤리', 이렇게 10개 영역으로 구성되어 있다. 공기업마다 10개 영역 중에 골라서 직무능력검사를 실시한다.

대부분 '(1) 의사소통, (2) 수리, (3) 문제해결 능력'은 필수로 포함한다. 넌 이미 학교의 과목 수강을 통해 국어학 및 논리학 교과서와 통계학 교과서를 가지고 있음을 상기하자. 그러니 교과서들을 재독하고 기말고사를 준비하는 마음으로 정리해보자.

알다시피 시중에 좋은 직무능력검사 문제집들이 많으니 그건 알아서 고르면 된다. EBS 문제집 같이 국가에서 제공하는 문제집은 없지만, 학원에서 발행하는 수험서들이 많을 것이다. 이때 중요한 점은 모든 시험 합격의 기본을 명심하는 것이다. 양질의 기본서를 수없이 반복해서 봐야 한다. 다른 문제집에서 틀린 문제는 기록하고 단권화해서 기본서에 옮기거나 정리해야 한다.

<hr />

결국 관건은
수리능력 아니겠어?

자, 직무능력검사에서 관건은 '수리능력'이다. 왜냐하면 우리는 '문송이'잖아. 수리능력의 세부 요소는 '기초 연산 능력' '기초 통계 능력' '도표 분석 능력' '도표 작성 능력'이다. 사칙연산, 기본적인 수학개념, 자료 계산, 자료 분석 등 물불가리지 않고 다 나온다. 그러니 너무 어렵고 잘 안 풀리는 거다.

네가 대학 과목에서 '통계학'을 열심히 공부하면 상당한 부분 도움이 된다. 그건 명확하니 걱정하지 마라. 수리 영역 중에 사실상 쥐약은 바로 '기초 연산'이다. 한 번 묻자. 지금 넌 덧셈과 뺄셈을 어떻게 하니? 잘 할 수 있니? 혹시 귀찮니?

만약 사칙연산이 쥐약이면, 당장 속셈학원을 몇 개월만 다녀라. 아무도 가르쳐주지 않는 기막힌 노하우다. 속셈은 머리가 아니고 기술이다. 즉 네가 반복해서 습득하면 손쉽게 할 수 있다.

일단 사칙연산에 무한한 자신감을 갖게 되면, 네가 수리 영역의 강자가 되는 건 시간 문제다. 왜? 아이큐 측정과 비슷한 시험은 사칙연산이 기본으로 출제되기 때문이다.

속셈학원을 통해 기술을 습득한 후, 고등학생으로 돌아가 수능 교재를 펼쳐라. 그리고 직무능력검사용 문제집과 유사한 부분을 집중적으로 공부해라. 할 수 있지? 수능 공부를 했었잖아.

정리해보자. 우선 시중에서 가장 양질의 기본서나 문제집을 골라서 반복해 풀어봐야 한다. 이 경우 매번 '제한된 시간' 내에 풀이 연습을 하고, 그 이후 천천히 복습을 한다. 일단 단권을 통해 충분히 반복하면 그 다음에는 다른 문제집을 역시 '제한된 시간' 내에 풀어보고 기본서에 옮기거나 정리한다. 직무능력검사 문제집에만 의존하지 말고, 기초 체력을 위해 통계학과 속셈을 연마할 필요도 있다.

문송아, 지금까지 '공기업'을 표적으로 두고 사냥하기 위해 뛰었다. 자꾸 말하지만, '   ' 안에 너의 표적을 두면 된다. 그 표적을 향해 서서히, 그리고 결정적인 순간에 덮쳐야 한다.

Just do it!

1) 네가 관심을 두는 어떤 기업이든 홈페이지의 채용 공고를 찾아보자. 거기서 어떠한 자격증에 대한 언급이 있는지 확인해보자.

2) 서점에 가서 직무능력검사를 다룬 문제집을 골라, 수리 영역의 문제 유형을 살펴보자.

더이상 막연한 이유로 휴학할 생각은 하지마라.

그대가 해야 할 휴학은 직무를 준비하기 위한 휴학이다.

직무는 현장에서 직접 배워야 한다.

기업이 현장에서 요구하는 것도 바로 직무 능력이기 때문이다.

현장을 겪어봐야만 비로소 현장의 언어로 말할 수 있게 된다.

5장

휴학은 필수,
현장이 답이다

휴학은 기본일까,
아니면 뒤쳐지는 걸까?

"청년 스타트업을 권장하는 혹자들은 휴학을 넘어서 대학을 중퇴하고 페이스북 같은 훌륭한 기업을 창업해볼 것을 권고한다. 물론 그 말은 도전 정신으로 항상 세상에 주어진 기회를 포착하고, 새로운 변화에 하루라도 빨리 대응하라고 상부하는 차원일 것이다. 반면 부모님은 이유도 없이 휴학을 한다고 성화다. 물론 나는 어떻게든 제대로 공인영어점수를 가져야 한다. 또 더불어 자격증도 준비해야 한다. 학과 수업을 병행해서는 학점 따기도 바빠서 아무것도 할 수 없기 때문에 휴학을 선택한다.

주변의 친구들을 보면 기본적으로 1학기 또는 2학기를 휴학으로 소모하기도 하지만, 대부분 시간만 보냈지 결국 얻는 게 없다. 물론 휴학 기간에 목표했던 성과를 얻어내는 경우도 가끔은 있다.

우린 항상 이상만 보니까 그들을 보며 항상 휴학을 하고 싶은 유혹을 느낀다.

휴학을 해도 대부분 후회한다. 물론 휴학을 안 해도 후회한다. 왠지 남들 다하는 휴학을 안 하면 제대로 미래를 준비하고 있지 않은 것 같아서다.

그 외에 먹고 사는 문제로 아르바이트를 하고 불가피하게 휴학이 연장되는 경우도 다반사다. 억울하기는 하지만 그런 경우는 후회하지는 않을 것이다. 어쩔 수 없었으니까 말이다.

애초에 원대한 포부와 계획 아래 휴학을 결정했는데, 결국 소일만 하다가 세월만 보내면 정말 후회가 막심하다. 결과적으로는 얻은 것 없이 휴학을 한 꼴이니, 자신 스스로가 루저의 길을 가고 있는 게 아닌지 암담하다. 나만큼은 휴학하면 반드시 성공하리라 확신했는데 과연 그렇게 될까?"

◇◇◇◇◇◇

직무를 위한 휴학은
반드시 해야 한다

뇌과학자인 엔텔 털빙Entel Tulving은 말한다. 뇌의 '기억'에 대한 범주는 크게 2개로 그것은 '서술적 기억'과 '절차적 기억'이다.

'서술적 기억'은 뇌의 바깥쪽 부위에 저장된다. 흔히 암기를 하는 것 같이 의식적으로 뇌에 저장한 정보를 말한다. 수업을 듣거나 책을 학습해서 이해하는 일이 이에 속하는데, 무엇인가를 아주 빨리 배울 수 있다.

'절차적 기억'은 뇌의 안쪽 부위에 저장된다. 운동이나 악기를 배우는 것 같이 연습이나 반복을 통해 자동적으로 체득되는 것이다.

자, 대부분의 지원자들은 NCS 직무 중심의 모든 전형에 대해서 '서술적 기억'을 하고 있는 뇌의 바깥쪽 부위를 활용해 대응한다. 이것이 바로 글로만 터득해서 실제에 대응하는 것이다. 마지막 관문인 면접장에 들어서기 전까지도 계속 암기를 해야 한다. 면접장에서도 면접관의 질문에 대해 면접관을 쳐다보지도 못하고 눈을 오른쪽으로 치켜뜨면서 암기한 내용을 떠올려야 한다.

분명히 말하는데, 이렇게 서술적 기억에 의존한 답안은 상대를 감동시킬 수 없다. 이런 이치는 비단 면접의 경우만 해당되는 것이 아니다. 서류전형 단계의 첫 입문인 자기소개서를 쓸 때에도 '서술적 기억'에 의존해봐야 어딘가 인터넷 문구에서 습득해온 영혼 없고 쓰레기 같은 문구들만 만들어내게 된다.

수영을 해본 적 없이, 수영 선수들이 수영하는 법을 집중해서 살펴보고 수없이 반복해서 본 이후에 "수영을 잘 할 수 있다"고 이야기하고 있는 것과 같은 이치다. 어떠한 감동도 없는 것은 당연하다. 본인이 읽어도 자신이 없다. 한 줄 한 줄 다른 곳에서 베껴 쓰고 싶은 충동만이 계속 든다. 해본 적이 없는 일을 묘사하려니 진정한 창작의 세계에 들어서는 것이다.

많은 경쟁자들이 공기업에 들어가기를 열망한다. 그렇지만 아무도 제대로 하려 하지 않는다. 답이 명백한데도 하기 싫은 거다. 왠지 그것이 답이 아닐 것 같다는 변명만 늘어놓는 것이다.

그래서 나는 말한다. 네가 조금의 기간이라도 투자해 네 직무를 직접 해봐야 한다고 말이다. 그것이 답이다.

그러니 휴학을 해라. 현장을 경험해야 한다. 가서 6개월도 좋으니 현장에 몸담아 현장을 배워야 한다. 이러한 것이 바로 진정한 '체득'이다. 내가 체득한 경험만이 누군가에게 감동을 줄 수 있다. 그 경험이 힘든 것일수록, 어려운 상황에서 겪은 것일수록 감동을 줄 가능성이 높아진다.

이제는 공기업뿐만 아니라 많은 기업들이 학벌, 학점과 토익을 대체해 실제로 체험한 직무 경험에 보다 큰 가치를 부여하게 된다. 회사와 관련된 산업에서 현장 경험을 쌓았다는 사실만으로도 네가 충분히 준비된 신입사원임을 여실히 보여준다는 것을 기억하자.

◇◇◇◇◇◇

LG 사람이 되신 것을
축하합니다!

실제 이야기다. LG전자 입사를 꿈에 그리던 제자 준철이가 있었다.

준철이는 영등포에 살았는데, 가끔 여의도를 지날 때 LG 쌍둥이 빌딩을 보며 꿈을 꾸었다. 준철이는 LG가 가전이나 디스플레이는 삼성에 견주어 밀리지 않지만, 스마트폰이 밀리는 게 아쉬웠다. 디자인, 성능 및 가격 면에서 결코 떨어지지 않는데 말이다.

준철이는 궁금했고, 우선 제품에 대해 알고 싶었다. 그러다가 우연한 계기로 LG전자 평택공장 생산직으로 일할 기회를 갖게 되었다. LG전자 평택공장은 V시리즈와 G시리즈로 양분되는 전략폰을 생산하고 있었다. 준철이는 V시리즈를 생산하는 라인에 투입되었고, 이후 G시리즈 라인을 거쳐 1년 동안 일했다.

준철이에게는 정말 힘든 시기였다고 한다. 하루 종일 책상에 붙어 공부하는 것도 무지 힘들고 지루했는데, 생산직 일은 더더욱 힘들었다. 하루에 8시간씩 서 있기도 힘든데 조립을 한다는 게 너무 힘들어서 하루를 버티기도 괴로웠다. 직원들이 정말 위대해보였다. 그동안 생산직 직원들을 대단치 않게 보았는데 그들의 힘이 우리 경제의 뼈대라는 것이 비로소 실감이 갔다.

이후 준철이는 정말 LG전자의 전략(상품)기획 분야에 지원하게 된다. 준철이는 생산직에서 직접 경험해본 G시리즈와 V시리즈에 대해 말하고 싶었던 모든 것을 자기소개서에 썼다.

최종 임원면접장에서 임원분들은 준철이가 생산직 일을 했던 이유를 물었다. 그리고 LG전자가 미래에 스마트폰 경쟁에서 살아남는 방안에 대해 물었다. 준철이는 대답을 꾸미지 않았고 그동안 생각해왔던 것을 말했다.

면접이 끝나고 결과는 집에서 기다리는데, 준철이는 하루가 좀처럼 가지 않아 답답하고 걱정이 되었다. 하고 싶은 말이 많아 두서없이 말했던 것이 제일 걱정이었다. 그런데 드디어 LG전자 인사과에서 통보가 왔다. "LG 사람이 되신 것을 축하합니다!"

Just do it!

주변에 휴학 기간에 현장 경험을 쌓은 귀한(?) 친구가 있으면, '어떻게 그런 생각을 했고 어떻게 접근했는지'를 꼭 물어보자.

'일단 휴학' '알바 휴학'
'시험 휴학'은 안돼!

네 직무를 위해서 반드시 휴학을 해야 하지만, 다음의 3가지 사유로 인한 휴학은 곤란하다. 물론 모두 타당해보이는 이유는 있으나 그 타당한 이유가 시행착오의 시작이다.

첫째, 무턱대고 휴학부터 하면 안 된다. '일단 휴학'은 대안이 없이 휴학하는, 그야말로 '친구 따라하기'식 휴학이다. 휴학부터 일단 하고 휴학중에 뭘 할지 고민하면 이미 휴학 기간은 지나가고 만다.

둘째, 아르바이트하려고 휴학하면 절대 안 된다. 소위 '알바 휴학'은 밥벌이를 위해 불가피한 경우라 어쩔 수 없을 수도 있지만, 가능한 직무 경력을 쌓으면서 돈을 벌기 위해 노력해보자. 직무 경력을 쌓는다는 것이 막연하게 들릴 수도 있겠지만 충분히 가능하다.

셋째, 필기시험이나 NCS 직무적성검사를 준비하기 위해 휴학하면 안 된다. 이러한 준비는 반드시 학업과 병행해야 한다. 공기업 입사는 고시와 다르다. 가능한 학기중에 노력해서 시험은 준비하되, 휴학은 현장 경험을 위해 최대한 아껴야 한다.

다시 말하지만 '일단 휴학' '알바 휴학' '시험 휴학'은 정말 불가피한 경우가 아니라면 절대 하지 말아야 한다. 그렇게 휴학하며 시간을 낭비하지 말고, 청춘의 값진 시간을 네가 겪을 일을 미리 경험해보는 시간으로 채워야 한다. 그 시간은 매우 힘들 것이다. 아니, 사실 힘들어야 한다. 힘들지 않으면 경험이 아니다.

◇◇◇◇◇◇

왜 휴학을 해야 하는지
다시 생각해보자

공기업 채용의 큰 특징은 블라인드 채용과 직무 중심 전형에 있다. 블라인드 채용은 서류 전형에서 학력, 나이, 학점 등을 보지 않고자 하는 것이다. 직무와 관련된 스펙만 본다. 일단 필기시험 또는 직무적성시험을 통과하면, 사실상 면접이 당락을 가른다. NCS 면접, 즉 직무 능력에 초점을 맞춘 면접이다.

공기업 채용시 서류전형, 시험전형, 면접전형에 이르기까지 백

화점식 종합 스펙이 아닌 직무 능력을 중점적으로 보겠다는 말이다. 앞으로는 모든 기업들이 이 직무 능력을 중점적으로 볼 것이다. 만약 스펙태클 채용을 도입하기로 했다면. 지금의 공기업 방식이 크게 다르지 않을 것이니 이를 따라 준비하는 것이 맞다.

직무를 머리로 익히지 마라. NCS, 즉 국가직무능력표준을 보면 세부적으로 직무의 특성이 잘 규정되어 있지만 수백 번을 읽어본들 피상적으로밖에 이해가 안 된다. 직무와 관련된 내용을 대학에서 또는 학원에서 책으로 배워도 막연할 뿐이다. 직무를 책으로 익혀봐야 막연한 이미지일 뿐이다.

전투 능력을 예로 들어보자. 싸워서 승리해야 하는 전투 능력이 전쟁과 관련된 서적을 읽는다고 쉽게 늘어나겠니? 단 한 번의 실전경험도 없이 말이다.

Just do it!

네가 관심있는 직무의 NCS, 즉 국가직무능력표준을 20번 읽고 나서, 그 직무를 한 번 설명해보자. 설명이 잘 안 되면 다시 읽자.

현장으로 들어가
현장의 언어를 배워라

현장에서 직무를 직접 배워야 한다. 기업이 현장에서 요구하는 것이 바로 직무 능력이기 때문이다. 현장을 겪어봐야만 현장의 언어로 말할 수 있게 된다. 즉 현장을 직접 경험해봐야만, 서류전형부터 면접전형에 이르기까지 면접관의 눈에 들어오는 것이다.

책으로만 공부한 지식을 가지고 덤벼봐야 누구도 설득할 수 없다. 만약 경쟁자가 머리로만 생각했던 피상적 지식을 가지고 덤빈다면 환영해라. 기업에서 우리를 채용하는 당사자들은 현장에서 산전수전 겪은 베테랑 아닌가. 그들은 모두 현장에 이골이 난 현업 종사자가 아니던가. 그들은 그들만의 언어로 대화하고 있는 것이다.

피상적 지식으로 덤비는 상황을 비유해보자. 1969년 7월 20일, 아폴로 11호가 달의 표면에 착륙하고 닐 암스트롱이 달 표면에 첫 발을 내딛었다. 전 세계가 인류의 도약을 모두가 숨죽여 지켜보았다.

만약 네가 달 표면에 대한 당시의 사진을 열심히 보고 나서, 암스트롱에게 달 표면에 대해 묘사하고 있다고 상상해보자. 한 번도 직접 해본 적이 없던 일을 말로 하자니, 그래서 말이 통하지 않는 거다. 그러니 자기소개서를 쓰려 하면 머리가 멍해지면서 인터넷 서핑만 하게 되는 것이다. 그러니 면접을 앞두고 외모, 이미지, 말투에만 온 신경을 쓰는 거다. 괜스레 긴장하는 거다. 할 말은 딱히 없는데, 떨릴까봐 신경만 쓰고 결국 떨고 떨어지고 만다.

면접은 현장의 언어다. 즉 대화다. 면접관은 현장의 감각을 지원자의 입에서 듣고 싶은데, 지원자는 모두 이해가 안 되는 모범답안만을 잘 말하려고 애만 쓰고 있는 것이다. 현장의 언어를 배우기 위해 반드시 휴학을 해야 한다.

◇◇◇◇◇◇

어느 정도나
인턴십을 해야 할까?

네가 휴학을 하게 되면, 어느 정도 해야 하는지 궁금할 것이다. 앞뒤 방학을 붙여 1학기만 휴학하자. 그럼 '2+4+2개월'이니 총 8개월이나 된다. 이 정도의 현장 경험이면 충분하다.

때로는 인턴을 채용하는 업체에서 보다 많은 기간을 요구할 수
도 있다. 또한 네가 보다 많은 시간 동안 직무 경험을 쌓고 싶을 수
도 있다. 그렇다면 앞뒤 및 중간 방학을 붙여 '14개월(2+4+2+4+2
개월)'까지도 가능하다. 이는 1년이 충분히 넘는 시간이니 단순한
인턴십을 넘어 훌륭한 직무 경력이 될 수도 있다.

이 경우 행여 면접 때 면접관이 해당 업체에 취직을 하지 않은
이유를 물어볼 수 있다. 그렇다면 당당히 말해야 한다. "애초에
한전에 입사하기 위해 직무 경험을 충분히 쌓고자 했고, 직접 현
장 경험을 할 수 있어서 좋았습니다."

이미 휴학을 했었던 경우이거나, 현재 졸업 후 취업 준비중이라
도 상관없다. 최소 8개월 정도의 현장경험이면 된다.

◇◇◇◇◇◇

어디에서 인턴을
하면 좋을까?

넌 이미 3곳의 표적 기업을 알고 있다. 인턴할 업체를 선정할 때
도 표적 기업들을 선정할 때와 크게 다르지 않다. 그래, 네가 표적
기업들을 선택할 때 이미 알고 있는 지식을 활용해보자.

표적 기업들은 서로 유사 산업 또는 유관 산업군에 속해야 한다. 인턴할 업체를 고를 때는 동일(또는 유사) 산업군의 중소기업(중견기업 포함)이 가장 좋다.

업체 규모는 절대 따지지 말아야 한다. 유사 산업군이라면 충분한 현장 경험을 쌓을 수 있으니 말이다.

또한 공기업이나 사기업을 가릴 필요가 없다. 만약 한전, 한국가스공사, 지역난방공사 등 표적 공기업이 상장 기업이라면, 쉬운 방법으로 매일경제신문이나 한국경제신문의 증권면을 보고 동일 업종의 회사들을 살펴보면 된다.

예를 들어 네가 한전 입사를 희망한다면, 일진전기에서 인턴 기회를 알아보는 거다. 일진전기는 발전에서 송·배전까지 전력산업의 토탈솔루션을 제공하는 사기업이다.

물론 네가 희망하는 관련 직무에서 인턴 기회가 있으면 가장 좋다. 일단 인사과에 전화를 해보자. 채용 기회가 없다면 어쩔 수 없지만, 인사과에 문의해보는 것이 가장 좋다. 잡코리아(www.jobkorea.co.kr)나 사람인(www.saramin.co.kr) 등 채용 정보 웹사이트도 이용하길 권장한다.

만약 생산공장에서만 할 수 있는 인턴 기회가 있다고 하자. 보통 생산공장의 인사 담당이 따로 있다. 어떠한 직무든 생산공장에서 일하는 것은 무조건 환영이다. 즉 일진전기를 예로 들면 화성 1공장이나 2공장에 들어가는 것이다.

힘이 들어서 그렇지, 생산공장을 선택해서 어떤 직무든 현장 경험을 쌓는다면 그건 곧 네가 최고의 스펙을 가진다는 뜻이다. 왜냐하면 넌 일선의 최전선에서 숭고한 너의 시간을 땀으로 보낼 수 있음을 이미 보여준 것이기 때문이다. 너를 뽑고자 하는 공기업 채용자들에게 군이 말로 설명할 것이 없을 정도로 감동을 선사하는 것이 아닐까?

유사 산업군의 중소기업에서 인턴을 하되, 생산공장에서 현장 경험을 쌓는 것은 내가 알려줄 수 있는 강력한 비결 중의 하나다. 원하는 직무와 상관없이 말이다. 생산현장은 필요시 1년 정도 이상의 근무를 요할 수 있으니, 이를 감안했으면 한다.

또한 네가 접근 가능한 인턴할 업체로는 표적 기업과의 유관 산업군이 좋다. 즉 부품(수직계열화)업체, 수요업체 등이 가능한 후보 업체가 된다. 민간 기업은 찾기가 어렵지 않다. 반면 공기업의 경우 사회간접자본이나 공공재, 금융재를 생산하는 경우가 많아 부품(수직계열화)업체가 발견되기 어려울 수 있다. 그러나 계열사를 잘 찾아보면 역시 수직계열화 업체가 있을 수 있다.

마찬가지로 공기업의 경우 수요업체도 다소 광범위하게 포진하고 있어 주요 수요처를 애써 찾아야 할 수 있다. 어쨌든 최대 수요처는 존재할 수 있음을 감안해야 한다.

인턴할 업체는 규모를 따지지 말고 연관 산업군에서 선정하는 것임을 다시 유념해야 한다. 이는 매우 결정적인 사건이다. 네 소중한 시간을 투여해야 하니 말이다.

그러니까 현장 경험을 쌓을 업체를 휴학 이전에 결정하고 접촉해야 한다. 그리고 모든 것이 결정되면 바로 휴학한 후에 방학부터 일을 시작하는 거다.

Just do it!

일진전기, 잡코리아(www.jobkorea.co.kr), 사람인(www.saramin.co.kr), 이 3군데 웹사이트를 서핑해보자. 너도 인터넷 서핑은 웬만큼 하잖아?

너의 현장 경험을 뜨겁게 쓰고, 속도감 있게 연습을 하고,

귀를 열고 면접관과 대화해라.

스스로를 확고히 믿고 네 귀를 열어라.

이제 '스펙 9종 세트'에 대한 미련을 버려라.

정당한 길을 걸어가며, 꿈에 성큼 다가가는 너를 응원한다.

6장

이제 너의 꿈으로
달려가!

자기소개서는 인터넷에서
베끼는 거 아닌가?

자기소개서는 어떻게 쓰는 것일까? 답은 이미 다들 알고 있을 것이다. 지원 회사의 인재상을 확인하고 해당 직무에 부합하는 내용을 설득력있게 구성해서 다른 지원자와 차별화시킬 수 있도록 자기소개서를 잘 작성해야 한다. 남들과 다른 나만의 매력을 알려 채용 담당자가 반할 정도로 매혹적인 자기소개서를 구성하면 첫 발을 잘 뗀 것이다.

누군들 모를까? 자기소개서를 통해 나를 차별화시키는 것이 중요하다는 것을 말이다. 그런데 취준생들이 가진 스토리가 뻔한 것을 어쩌란 말인가? 한 학생의 가감없는 개탄을 들어보자.

"과분한 3.57점대 학점을 따기 위해 전력을 다했고, 여름 및 겨울 방학 때는 토익 학원도 다니고 동영상도 들어가면서 땀을 흘렸고, 짬

짬이 카페 아르바이트를 한 것이 다인데 뭘 써야 하나? 돈 아끼려고 편의점 삼각김밥과 컵밥에 전전긍긍한 것이 다인데 뭘 써야 하나? 친구들 중에는 어학연수와 교환학생 등의 해외 경험도 쓰고, 재무학회와 로봇동아리 등 학업 외의 경험을 쌓은 것도 쓰고, 심지어 국내 자전거 여행, 해외 봉사활동 등 도전적 활동도 썼다고 하는데 나는 그런 것도 딱히 없으니 말이다.

기업의 인재상과 해당 직무에 부합하는 내용을 잘 쓰려면 소설을 써야 하나? 밑천 없이 쓴 자기소개서는 위조 아닌가? 근거도 없지 않은가? 물론 위조를 하려 해도 아는 내용이 있어야 소설을 쓰지. 문송이는 어려서부터 올바르다고 정해진 길을 따라 전력을 다해 걸어왔는데, 이제 사회로 나가려고 보니 채용 전형의 첫발이라는 자기소개서조차 쓸 말이 없다니 당황스럽다.

하지만 조악하긴 해도 방법이 없는 것도 아니다. 결국 인터넷상에 돌아다니는 자기소개서 문구들 중에 내게 맞을 듯한 내용과 그럴듯한 내용을 잘 짜깁기하는 거다. 혹시 아나? 잘만 엮는다면 대박날지 말이다. 행운이 내게도 올지 어디 한 번 해보는 거다."

절대 그렇게 하지 마라. 자칫 인터넷에서 베껴 쓰다 보면 자기소개서가 남들과 똑같아진다.

시중에 돌아다니는 문구는 아예 보지도 말아야 한다. 보는 순간 지는 거다. 남의 것을 참고하지 말고, 이제는 제대로 된 나만의 소설을 한 번 써보자.

◇◇◇◇◇◇

3대 보고서를
폭파해라

자기소개서는 논술 시험이 아님을 알아야 한다. 논리적이거나 현학적인 것을 고집할 필요가 없다. 오히려 현학적인 것은 지극히 나쁘다.

예를 들면 사자성어로 시작하는 것이나, 유명 인사의 격언으로부터 시작하는 자기소개서는 100% 서류 탈락임을 명심해라. 자기소개서에 '나폴레옹은 말했다…'라고 적었다 치자. 어떠한 말이 쓰여 있든 간에 그 내용에 상관없이(아무리 감명스런 문구라 하더라도) 면접관이 감동을 받을 확률은 단언컨대 0%다.

윤기나는 흰 쌀밥보다 잡곡밥이 몸에도 좋다. 자기소개서도 마찬가지다. 투박하고 거칠더라도 알맹이가 있으면 뽑는다. 회사는 글을 유려하게 잘 쓰는 작가나, 논리적으로 쓰는 학자나 기자를 뽑으려는 것이 아니다. 그러므로 글을 어떻게 하면 잘 쓸지는 그다지 중요한 문제가 아니다.

중요한 것은 경험이다. 휴학하면서 배웠던 생생한 현장의 경험을 담아야 한다. 임팩트 있는 글은 제대로 잘 쓴 글이 아니라, 현장의 소리가 담겨진 투박한 글이다. 눈을 감고 현장 경험만을 생각하면 네가 지금까지 살아오면서 받았던 관련 교육, 지식, 경험, 그리고 감정들이 한 궤로 짜진다.

다만 현장의 경험을 보다 충실하게 담기 위해, 자기소개서를 쓰기 이전에 공기업의 공시 보고서를 먼저 잘 봐야 한다. 공시 보고서를 통해 습득한 내용은 면접 때까지 유용하니 잘 분석해둬야 한다. 우선 표적 기업의 웹사이트를 다시 훑어보고 연차보고서, 사업보고서, 애널리스트 보고서 순으로 샅샅이 파헤쳐보자.

◇◇◇◇◇◇

포스코 면접장의 실제 일화,
"뼈를 묻겠다고?"

내가 시키는 대로, 웹사이트와 3대 보고서를 보면서 다음의 항목을 직접 정리해보자. 이 정도는 직접 해야 한다.

첫째, 기업이 생산하거나 공급하는 제품들이 어떠한 것들이 있는지를 정리하자. 웹사이트와 사업보고서의 'II. 사업의 내용'을 살펴보자. 연차보고서에도 제품군이 설명된다. 대분류의 제품군부터 세부적인 분류까지 열거하고 특성을 정리해보자. 특히 주력 제품군이 무엇인지 표기하자.

포스코 면접장에서 실제 있었던 일화다. 한 지원자가 말했다.

"포스코만을 생각하면서 살아왔습니다. 만약 저를 뽑아주신다면 포스코에 뼈를 묻겠습니다."

면접관이 여기는 '납골당이나 묘지가 아닌데?'라고 의아해하면서 다음과 같이 물었다.

"좋습니다. 그럼 포스코가 생산하는 철의 종류를 한 번 이야기해보십시오."

지원자는 말했다.

"네? 아, 저 철의 종류는 제가 잘 모릅니다…. 정확히는 잘 모르겠습니다."

이처럼 뼈를 묻겠다는 지원자가 나오면 오히려 면접관은 아주 기본을 물어본다. 그런데 의외로 지원자들은 이러한 기본에 아주 약하다. 왜냐하면 현업 종사자들은 이러한 기본이 중요한 것을 아는데, 머리로만 공부한 사람들의 눈에는 기본이 중요해 보이지 않기 때문이다. 현장을 경험해보면 제품이 곧 회사라는 생각이 뿌리깊게 박히게 되어 있다.

둘째, '원료나 부품을 어디서 공급받고, 어떠한 과정으로 제품을 완성하며, 완성품을 어디에 공급 또는 판매하는지'를 정리하

자. 거창할 것 없다. 이것이 바로 회사의 본질이다. 웹사이트와 3대 보고서를 모두 참고하면서 직접 정리해야 한다. 이때는 파워포인트 한 장에 그림으로 그리는 것도 좋다. 직접 현장에 가면 어떻게 제품이 만들어지고 완제품이 수요되는 과정에 관심이 갈 수밖에 없다. 그러니 현장에서 본 것을 회사의 보고서를 보고 찾아서 정확히 숙지하고 기록하면 되는 것이다.

셋째, 가장 중요한 것은 숫자다. 제품군별로 최근 3개년도 매출액, 영업이익, 순이익을 기록하자. 그리고 매출액 증감률, 영업이익 증감률, 순이익 증감률을 기록하자. 만약 동급 경쟁사가 제품별로 있다면 이들의 수치도 기록하자. 이는 엑셀 프로그램에서 표 한 장으로 정리해놓는 게 좋다. 흔히들 '난 회계(숫자)에 약해'라고 생각한다. 하지만 이 정도의 숫자를 찾아 적는데 무슨 회계가 필요한지 반문해야 한다. 현장에서 경험해보면, 회사의 제품 수익성에 관심이 갈 수밖에 없다. 회사는 물건을 팔아 이익을 내는 곳이다.

넷째, 연차보고서를 다시 20회 정독해야 한다. 회사가 주주 및 투자자에게 자랑하고 싶은 부분에 줄을 긋는다. 이후 2장으로 요약한다. 연차보고서는 주주에게 회사의 당해 활동과 실적을 알려주는 것이다. 경영진은 항상 주주의 눈치를 봐야 한다. 왜냐하면 주주가 회사의 주인이기 때문이다. 공기업의 주주는 국가인 경우도 있고, 국가와 함께 다양한 투자자로 구성된 경우도 많다. 연차보고서는 회사의 전략, 영업 현황, 실적 분석 등 회사의 분석을 가장 쉽고도 면밀하게 한 보고서임을 상기해야 한다. 이는 자기소개서의 교과서임을 잊어서는 안 된다.

다섯째, 해당 기업이 지속가능경영보고서를 발행(이것도 함께 포함해 '4대 보고서'라고 해도 된다)하기도 하는데, 이는 연차보고서에 버금가는 훌륭한 정보다. 한전의 경우도 지속가능경영보고서를 발행하고 있다. 연차보고서가 주주 위주로 작성된다면 지속가능경영보고서는 모든 이해관계자를 생각한다. 주주를 포함한 하청업체, 지역사회, 노동자, 소비자 등 다양한 이해관계자에게 회사의 활동과 업적을 자발적으로 공시하는 보고서다. 이 보고서도 마찬가지로 위에서 언급한 대부분의 내용을 잘 정리해 담고 있다. 지속가능경영보고서도 20회 정독하고, 2장 정도로 핵심만 요약한다.

마지막은 애널리스트 리포트다. 증권사에서 발행하는 애널리스트 리포트를 최근 10개 정도 다운받아 출력해서 숙독한 후, 현재와 향후 공기업의 실적이 어떠한 요인으로 변동이 될지를 3가지 견해(낙관, 중립, 비관)에서 종합적으로 요약한다. 이 과정은 매우 고난도이긴 하다. 만약 애널리스트 리포트가 술술 잘 읽힌다면, 이미 남다른 위치에서 출발하는 것임을 단언한다.

아, 정말 중요한 것이 있다. 바로 공기업의 웹사이트에 공시되는 인재상이다. 인재상은 회사마다 비슷비슷해서 좀 어렵지만 '도전, 창의, 책임' 정도는 항상 기본으로 유념해야 한다. 왜냐하면 글로벌 경쟁과 기술 변화에 직면한 기업이 필요한 인재는 위의 3가지 정도는 지니고 있어야 하기 때문이다. 인재상은 외우고 있으면 된다. 별도의 응용은 만만치 않다.

Just do it!

포스코 홈페이지에 가서 연차보고서, 지속가능경영보고서를 다운로드받아 읽어보자. 이어 네이버 증권면에서 포스코에 대한 애널리스트 보고서를 5개만 내려받아 읽어보자.

너의 현장 경험을
뜨겁게 써라

대표적 기업의 3대 보고서를 요약하고 반복 학습하면, 해당 기업의 현업 베테랑이 쓰는 언어는 제대로 배운 셈이다. 즉 신입직원을 뽑는 채용 담당자들과 코드를 맞춘 것이다. 이로써 너는 제대로 된 준비를 갖춘 것이다. 그러니 이제 남의 자기소개서를 단 한 글자도 베끼지 마라.

이제 직무와 관련해 네가 해왔던 모든 것을 풀어보자. 가장 중요한 것부터 말이다. 당연히 네가 10개월 동안 체득한 현장 경험이 최우선이다. 관련 자격증을 취득했으므로 이를 서술하자. 대학에서 들었던 수업 중 직무와 관련된 강의가 있다면 그 수업도 쓰자. 그리고 무엇을 배웠는지도 쓰자. 마지막으로 대학 활동이나 그 밖의 활동 중에 직무와 엮을 수 있는 모든 사항을 기록하자.

◇◇◇◇◇◇

제대로 소설을 써보자.

너의 살아온 궤적과 경험을!

자, 이제 정말로 중요한 일이다. 제대로 소설을 쓰는 거다.

두려울 필요 없다. 그동안은 맨손으로 전쟁터에서 방황했다면 이제는 총도 있고 칼도 생겼다. 넌 회사가 어떤 일들을 해왔고 애타게 잘하고 싶어하는 것이 무엇인지를 안다. 이미 3대 보고서를 습득했으니 말이다. 그렇게 회사가 어필하려고 하는 것이 당연히 잘하려고 하는 일이다. 실제 잘하고 있더라도 말이다.

넌 너를 안다. 소중한 학기를 방학을 포함해 소진해서 얻고자 했던 것을 말이다. 그것은 바로 직무와 관련된 현장 경험이다. 나머지 모든 궤적들은 이 현장 경험의 느낌을 극대화하기 위해 존재하는 것이다. 3대 보고서가 면접 담당자의 마음을 저격했다면 현장 경험은 너를 그들 가슴 속에 각인시킬 것이다.

다시 말한다. 눈을 감아보자. 회사가 애타게 잘하려고 하는 것이 있다. 그리고 넌 현장에서 직무를 배웠다. 네가 가진 모든 능력을 활용해서 온 힘을 다해 짧은 시간 동안 체득했다. 이제 네가 회사가 애타게 잘하려고 하는 것에 무엇을 도울 수 있는지를 써라. 무엇을 도왔기 때문이 아니라 현재로서는 도운 게 없기 때문에 이를 소설이라고 말하는 것이다.

네가 그동안 쌓아왔던 지식, 기술(또는 자격) 및 경험들이 회사에 도움을 주지 못한다면 단순한 이력일 뿐이다. 그래서 자기소개서는 나는 회사에서 이러한 일을 도울 수 있다고 소개하는 것이다. 부족하지만 그동안 쌓아왔던 자신의 지식, 기술과 경험을 통해 말이다.

간단하다. 너의 어리숙한 필체로 한 번 써봐라. 표적 기업의 해당 직무를 가상하고 일단 자기소개서를 써보면 된다. 모든 이야기를 네가 현장에서 배운 언어를 중심으로 써라. 네겐 '3대 보고서'인 교과서도 있다. 그 언어를 가지고 쓰면 된다.

무엇을 쓸지 아직도 혼란스러운가? 회사가 애타게 잘하고 싶은 일에 어떤 도움을 줄 수 있는지, 그리고 너의 살아온 궤적과 경험이 무엇인지를 근거를 들어 인용하면서 쓰면 된다.

Just do it!

인터넷상에 떠도는 자기소개서를 아무거나 골라 3개 정도만 읽어보자. 아마도 내용이 비슷해서 별 감흥이 들지 않을 것이다.

시험을 아는가?
이건 뇌과학이다

모든 시험의 기본은 네가 알고 있듯이, 양질의 기본서 한 권을 반복해서 수백 번을 풀어보는 것이다. 아주 기본적인 이 방법은 모든 시험에 적용되는 만고불변의 원리다.

학습을 하면서 보게 된 내용이나, 다른 기본서와 문제집에서 짬짬이 본 중요한 내용을 기본서에 옮겨 적으면서 나의 기본서를 견고히 해가는 것이 그것이다. 이것이 모든 시험의 수석이나 상위권 또는 합격권자의 기본적 전술이라 할 수 있다.

전공선택형 필기시험도 그렇다. 전공선택과목으로는 경영학, 경제학, 행정학, 법학, 회계학, 재무학 등을 꼽을 수 있다. 그 외에 직무에 따라 다른 전공과목이 들어갈 것이다.

통상은 객관식형으로 출제되나, 많은 금융 공기업은 객관식형 뿐만 아니라 약술형이나 논술형이 추가되기도 한다. 기존의 CPA

나 기타 자격증, 고시 및 공시 등을 공부해본 경험이 있다면 유리할 듯싶다. 오랫동안 공부해온 기본서가 준비되어 있을 테니 말이다. 기본서에 좋은 문제들이 있으면 이를 기본으로 하고 단원별로 객관형 문제를 다른 문제집 등으로 보충해서 공부하는 것이 바람직하다.

네가 공부한 내용을 기본서를 중심으로 자주 반복해서 내용을 익히고 문제를 풀어보면 좋다. 기업에 출사표를 던지기 이전에, 네가 이와 같이 충분히 준비해오고 있었으리라 기대한다. 만약 그렇지 않다면 조속히 기본서를 통독해야 한다.

◇◇◇◇◇◇

'속도 뇌'로 연습을 하자.

이건 전쟁이다

이 선생이 말하고 싶은 것은 이제부터다. 모두가 잘 알듯이 사람은 좌뇌와 우뇌가 있다. 우리의 뇌는 그 부위에 따라 감정을 통제하기도 하고, 이성을 통제하기도 한다. 마찬가지로 우리의 뇌는 그 부위에 따라 생각의 속도를 높이기도 하고, 생각의 깊이를 강화하기도 한다.

좀 다른 이야기다. 대부분의 시험들이 제한 시간을 둔다. 그것도 매우 빡빡하게 말이다. 아마도 시간 제약이 없는 시험은 풀어 본 기억이 없을 것이다.

공기업의 필기시험이나 NCS 직무적성검사의 경우도 시간 제약이 빡빡한 시험이다. 대부분의 지원자가 이러한 시간 제약에 엄청난 부담감을 느끼면서도 마땅한 대응책은 두고 있지 않다. 그래서 결국 시험장에서 계속 시계를 확인하느라 문제를 제대로 못 풀 정도다.

무슨 이야기냐 하면, 공기업의 필기시험이나 NCS 직무적성검사에서 요구하는 것은 생각의 깊이보다는 생각의 속도라는 것이다. 즉 속도감이 가장 중요하다는 뜻이다.

그렇지만 어떤 문제들은 잘 뜯어보면, 시간을 충분히 주어도 틀릴 성격의 문제들이다. 1시간 주어도 못 풀 문제를 1분도 안되는 시간에 풀어야 한다. 어찌됐든 1분도 채 안 되는 시간에 어떤 문제를 다 못 풀면 그 문제는 어차피 틀린 거다.

많은 수험자들은 이러한 시간 제약 조건을 당연시하면서도 의외로 무시하곤 한다. 인간의 뇌 중 어떤 부위('신중 뇌'라고 하자)는 충분히 주어진 시간을 가질 때 활성화될 것이고, 어떤 부위('속도 뇌'라고 하자)는 급한 상황에서 활성화될 것이다. 인간의 뇌 중 어떤 부위는 장기 기억을 위해 활성화되고, 어떤 부위는 단기(작업) 기억을 위해 활성화되는 것과 같은 논리다.

시간 제약이 클수록 '속도 뇌'가 생각의 속도를 높이기 위해 보다 활성화된다. 즉 시험장에서 통상 능력을 발휘하는 것은 '신중 뇌'가 아니라 바로 '속도 뇌'다. 그런데 수험생들이 평소 기본서 등을 충분한 시간을 가지고 깊게 사고하며 반복했다면 '신중 뇌'의 활성화가 빈번히 일어나고 실제로 그 부위가 상당히 강화되었을 것이다.

평소 A라는 수험생이 '신중 뇌'의 능력을 상당히 강화해서 사고의 깊이가 상당히 깊다고 하자. 그 수험생이 1시간이라는 제약된 상황에서 60문제를 풀어야 한다고 했을 때(기존에는 1시간에 1문제만 신중하게 풀었다고 하자), 과연 '신중 뇌'가 훌륭하더라도 감당해낼 수 있을까? 긴박한 상황에서 A 수험생에게 필요한 능력은 바로 '속도 뇌'가 관장하는 생각의 속도다.

장황하게 이야기했지만, 말하고자 하는 요지는 이것이다. 평소 제한된 시간을 매번 가정해서 연습을 해야만 실제 시험장에서 실력 발휘를 제대로 할 수 있다는 것이다. 안 그러면 평상시 잘 풀리던 문제들이 실전에서는 마음만 급하고 의도와는 달리 잘 풀리지 않는다.

물론 그러한 연습을 마친 이후에는 '속도 뇌'의 활성화에도 틀렸거나 실수했던 문제의 원인과 해결을 심도 있게 생각해서(이때는 '신중 뇌'의 공력이 필요할 것이다), 나중에 실전의 상황에서 '속도 뇌'가 틀리지 않도록 주의를 주고 각인을 시켜놔야 한다. '속도 뇌'가 비록 덤벙대기는 하지만, 틀린 부분을 복습하면서 자꾸 각인을 시킨다면 다음에는 잘할 것이다.

다시 한 번 강조해보자. 평상시 시간의 극심한 제약하에 계속된 연습을 해야만 실전 능력이 배가된다. 즉 속도감을 극대화해놓자는 것이다.

<hr />

평소 연습 때
자연 시계를 만들어놓자

앞선 이론을 적용하면 속도감이 상당히 높아졌겠지만, 그래도 속도감을 진정으로 높이려면 무언가가 더 필요하다. 어려운 환경일수록 더욱더 시간을 초월하는 마음을 가져야 한다는 것이다. 바쁘다고 해서 허둥대다가는 결국 진다.

시간이 없는데 시간을 초월하라니? 다소 황당한 이야기일 것이다. 답은 평상시 자연 시계를 만들어놓으라는 얘기다. 즉 평소 연습 때 시계 없이도 '이 정도 시간이면 어느 정도 시간이 흘렀는지'를 가늠할 수 있는 마음의 측정자를 만들어놓아야 한다.

시험장에서 시계를 보는 순간, 심장이 자극되면서 더욱더 허둥

댈 수밖에 없다. 시계를 자꾸 보는 사람이 있다면 그의 시험 결과를 볼 필요가 없다. 이미 그의 뇌는 마비가 되었다고 보면 된다.

평소 실전 연습을 반복할 때, 시계를 중간 지점에서 한 번, 마지막 지점에서 한 번 확인해서 총 2번만 확인한다고 보면 된다. 이와 같이 자연 시계가 만들어질 때까지 평소 실전 연습을 할 때 반복해서 실행해보라. 실로 놀라운 결과에 스스로에게 놀랄 것이다.

Just do it!

넌 뇌과학을 믿니? 서점에서 뇌의 힘을 말하는 책이 있으면 그 자리에 서서 무조건 읽어보자.

귀를 열고
면접관과 대화하라

이제 너는 너만의 자연 시계를 가지고 극대화된 실전 능력을 보여줬으며, 당당히 필기시험 또는 직무적성검사를 통과했거나 상위 점수를 얻어냈다. 그리고 드디어 면접 통보를 받는다.

서류전형 이전에 3대 보고서 공부를 완료했으니, 넌 이미 면접관들과 회사의 입장을 같이 공유하고 있다. 이제는 네가 정리한 숙제, 그리고 3대(또는 4대) 보고서 중 가장 잘된 것들로만 엄선하면 된다. 여기에 자기소개서를 당연히 추가해야 한다.

앞에서도 강조했듯이 보고서와 자기소개서를 면접 직전까지 읽고 또 읽어서 100번을 읽어야 한다. 면접 전까지 외울 필요는 없지만 숫자는 애써 외워야 한다.

물론 사전에 예상 질문에 따른 답변서를 차분히 한 번 정리해 봐도 된다. 그리고 취업 스터디를 구성해서 실제 면접이라 생각하고 함께 연습해도 상관없다.

그렇지만 결국 면접관과 동일한 코드일 너의 언어와 경험만을 가지고 면접장에 들어가야 한다. 뭔가를 준비하거나 외워서 말하면 누군가에게 전혀 감동을 줄 수 없다.

◇◇◇◇◇

스스로를 확고히 믿고
네 귀를 열어라

자, 면접 현장이다. 그게 실무면접이든, 임원면접이든, 어떠한 형식의 면접이든 면접은 의사소통이다. 즉 커뮤니케이션이다. 그러니 제발 소통하자.

소통의 제1법칙은 '귀를 열고 상대의 말을 듣는 것'이다. 내가 대답해야 할 말을 입가에 중얼거리면서 상대의 이야기를 들을 수 없다는 것을 명심해라. 면접관들의 말을 잘 들어봐야 한다. 경청하라. 진정으로 듣고자 해라. 그럼 너의 뇌는 알아서 작동할 것이다. 남과 대화를 하고자 하는 자는 듣고자 할 것이고, 잘 듣게 되면 자연스럽게 말할 수 있게 된다.

지금까지 살아오면서 듣고 그것에 대해 말하는 것은 따로 연습이 필요 없지 않았는가? 그런데 왜 모두가 면접장에 서면 귀를 막고 자신의 암기력에 의존하려 하는가? 걱정하지 마라. 널 믿어라. 네 귀를 열면 분명히 말할 수 있다.

소통의 제 2법칙은 '네가 경험했던 현장을 떠올릴 것'이다. 정답은 없으니 과감해야 한다. 너무나 짧은 순간이다. 직무 능력을 본다고 했으니 이를 어필해보자. 넌 이미 3대 보고서를 독파했으니 네 입에서 나오는 현장 경험은 널 채용하고자 하는 분들의 언어와 같다. 틀려도 괜찮다. 잘 말할 필요도 없다. 아나운서를 뽑는 게 아니므로 네 말로 하면 된다. 그럼 네 열정과 신념이 담긴다.

소통의 제 3법칙은 '할 수만 있다면 숫자를 섞어 말할 것'이다. 숫자가 주는 신뢰감은 누구에게나 통하고 부지불식간에 이루어진다. 물론 숫자 부분에 대해서는 3대 보고서 독파시에 의도적으로 몇 가지를 외워야 할 것이다.

한 지원자가 말한다.

"한전은 정부 시책에 따라 실로 엄청난 규모의 지능형 전력 계량 시스템을 구축해왔습니다."

이렇게 말하면 나름 어필한다. 왜냐하면 '지능형 전력 계량 시스템'이라는 한전만의 언어가 들어있기 때문이다.

그런데 네가 이렇게 바꿔 말해보자.

"한전은 정부의 전력망 계획에 따라 약 330만 호에 대해 지능형 전력 계량 시스템을 구축해왔습니다."

단 한 단어지만, '330만 호'라는 숫자의 언급은 이미 네가 한전 사람임을 의심 못하게 할 것 같은 아우라가 있다. 이러한 소통의 제3법칙은 어떠한 면접 방식에도 공히 적용될 것이다.

<><><><>

PT면접이나 토론면접,
그리 어렵지 않다

혹자들은 PT presentation 면접이나 토론면접 등 다소 생소한 면접에 당황하기도 하다. 물론 공통의 목적을 가진 준비생들과 취업 스터디를 통해 사전에 연습을 해본다면 효과가 클 것이다.

PT면접은 지원자가 3~5분 정도의 프레젠테이션을 한 후, 면접관들이 발표 내용과 관련된 질문을 하면서 진행하는 방식이다. PT면접은 주제에 대한 발표 내용도 중요하지만, 발표 이후 추가 질문들이 쏟아져 만만치 않다. 결국 질문들은 지원 분야와 관련된 직무 능력을 가늠해보는 내용들이니, 서로 얘깃거리를 두고 대화하는 것 이상이 아님을 분명히 상기해라. 그러니 사전에 3대 보고서를 독파한 널 믿고, 상대의 말을 잘 듣고 너의 현장 경험을 상기하면서 답해라. 물론 나아가 숫자를 언급할 수만 있다면 훌륭하다.

토론면접은 마치 실제 업무 회의 같은 상황 속에서 해당 토의 주제에 따라 다른 지원자와 함께 토의를 수행하는 방식이다. 토론에서는 논점을 절대로 벗어나지 말아야 한다. 물론 토의 주제가 진행되어가면서 논점이 진화하기도 하고, 때론 변신하기도 한다.

그렇기 때문에 '논점이 어떻게 흘러가는지'에 대해 토론자의 말에 집중하는 것이 가장 중요하다. 많은 이들이 토론에서 마치 싸워서 승리해야 하는 것처럼 자신의 주장에만 몰입한다. 가장 훌륭한 토론은 '소통의 제1법칙'에서 강조했듯이 상대의 말을 잘 듣는 것이다. 정말 몰입해서 들으면 해야 할 말이 자동적으로 떠오른다. 왜냐하면 대화는 우리가 평생 동안 익혀온 습관이기 때문이다.

다시 말한다. 토론면접에서 진정으로 승리하기 위해서는 내 주장에 집중하는 것이 아니라 상대의 말에 몰입해야 한다.

Just do it!

면접 이전에 먼저 네 친구들의 말을 '귀를 열고' 들어보자. 잘 들린다고? 그런데 왜 넌 면접장에 서면 그리 귀를 막고 있니?

대학은 무엇이고,
너의 길은 무엇인가?

대학은 무엇인가? 다음은 김난도 교수님이 대학(大學)에 대해 고민한 흔적이다. 『아프니까 청춘이다』라는 책에는 다음 내용들이 나온다.

"대학은 단순히 지식을 전달하는 기관이 아니다. 그렇기 때문에 대학이 기본적으로 길러내고자 하는 인재는 기업이나 사회에서 원하는 기능인이 아니라, 그런 학문적 연구를 할 수 있는 지성인이다."

"가끔 기업의 인사 담당자들이 대학 졸업생들을 뽑아도 바로 업무에 투입할 수가 없고 새로 교육시켜야 한다고 불만을 토로하는데, 나는 이것이 잘못된 문제 제기라고 생각한다. 대학의 본질은 올망졸망한 개인적 소망이 모여 있는 스펙의 경연장이나 취업 준비 학원이 아니다."

물론 나 또한 '새로운 학문적 진리를 탐구'한다는 대학의 본질적 기능과 김난도 교수님의 견해에 대해 100% 동의한다. 그런데 나 스스로가 가슴에 손을 얹고 생각을 하고 있자니 '대학은 왜 원래의 본연적 기능을 충실히 수행해야만 하는가?'라는 반문이 떠오른다.

◇◇◇◇◇◇

지금은 중세시대가
아니지 않는가?

김난도 교수님의 말처럼 대학이 중세시대 이후 오늘까지 갖은 역사의 질곡 속에서도 진리를 탐구하고 지성인을 길러내기 위해 꾸준히 변화를 계속해온 것은 분명한 사실이다. 그런데 지금은 중세시대가 아니지 않는가. 또한 중세시대 이후 오늘까지도 변화를 거듭했다면, 그 변화는 '당대의 사회적 패러다임을 반영한 것이 아니었겠는가'라는 생각이 든다.

과거부터 대학인의 지위를 유지해온 사람들은 아마도 배고픈 사람은 아니었을 것이다. 그들은 아마도 생존의 문제에 직면해 사투했던 사람들은 아니었을 것이라는 뜻이다. 현재와 미래의 생존을 위해 절벽 끝에서 싸우고 있는 지금의 대한한국의 대학생에게도 대학은 '진리 탐구'라는 과거와 동일한 명제를 부여해야 하는 건지는 모르겠다.

'원래 대학이 이런 기능을 해왔으니 이래야만 한다'는 것은 합리적 사고가 아니라는 생각이 든다. 대학이 본래의 기능만을 목표로 살아가는 유기체가 아니고서는, 그 당시의 사회적 패러다임은 수용해가면서 변화를 거듭하는 것이 바람직할 것이다.

중세시대도 아닌 바로 오늘날, 사회와 기술이 혁신적으로 변화하는 세상에서, 그것도 당장의 생존조차도 확신할 수 없는 상황에서, 우리가 대학의 소중한 가치만을 지켜내야 한다는 것은 그리 설득력이 없다.

여러분들은 내 말을 곡해하지 말길 바란다. 나는 지금 대학이 없어져야 한다고 주장하는 것이 결코 아니다. 대학의 그 존립 가치와 본연적 기능은 존중받아야 마땅하지만, 이제는 사회적 패러다임의 변화를 수용하고 스스로가 변신하면서 그 가치와 기능을 승계 및 발전시켜야 한다는 것이 내 주장이다.

현대의 사회적 패러다임이 실질과 실용을 중시하는 트렌드라면, 대학은 그 본연적 가치와 기능에 변화하는 사회적 패러다임을 수용하면서 진화할 필요가 있다.

◇◇◇◇◇◇

어쨌든 현실은

매섭게 춥다

오늘날 '대학이란 무엇인가'라는 주제는 쉽게 풀기 어려운 담론이다. 이러한 담론과는 상관없이, 청년 개개인이 체감하는 추위는 매섭기 그지없다.

청년들은 유치원 입학 때부터 수능까지 "대학은 꼭 가야 한다"는 주위의 따가운 강요와 경고에 이끌려, 대학 문턱을 넘어섰다. 그런데 힘들게 대학에 입학하자마자, 모두가 취업을 위해 처절히 몸부림친다. 이때는 누군가가 "취업을 해라"고 이끌지 않아도 본능적으로 불안감에 떨며 몸부림친다.

청춘들은 오직 취업을 위해 스펙 쌓기에 올인한다. 그리고 모두가 그 중 가장 기본은 뭐니뭐니해도 학점이라 생각한다. 그래서 자신의 전공필수과목은 어쩔 수 없으니 듣게 되고, 나머지는 오직 좋은 학점을 받기 위해 수강 계획을 편성한다. 그나마도 취업에 유리한 과목들은 일찌감치 수강이 마감되기 때문에 수강 신청조차 어렵기도 하다.

물론 일찌감치 뜻있는 친구들은 취업이나 다양한 필요에 의해 복수전공, 부전공, 연계전공 등 보다 힘든 수업을 용기있게 받아들이기도 한다. 이렇듯 대학은 이제 본연적 기능과는 역으로 학점 취득 기관으로 전락해가고 있는 듯한 아쉬움이 남는다.

학점 빼고는 모든 것을
'학교 밖'에서 목을 맨다

학점 다음으로 으뜸인 스펙으로 생각하는 건 바로 공인영어점수다. 소위 토익으로 대변되는 이 영어 점수를 얻기 위해 학교를 박차고 나가 학원이나 동영상 강의에 목을 맨다.

주변의 어떤 학생들은 만점에 가까운 점수를 받고, 그 점수를 목격하기도 한다. 공부를 해본 사람들은 알지만 토익 850점을 맞기에도 무지 어렵다. 그렇지만 다들 '900점 정도는 나와줘야지'라는 생각이 팽배하다. 물론 그것도 최소한일 뿐이지, 950점도 만족스럽지 않다고 생각하는 친구들도 많다.

한 취업 포털사이트에서 공채에 실패한 대학생들에게 설문조사를 해보니, 과반이 "부족한 토익점수 탓이다"라고 답했다고 한다. 모두가 학교 밖을 나가면 토익 점수에 전전긍긍하는데도, 그 결과는 자신의 기대에 언제나 못 미치는 것이다. 과연 자신의 토익 점수에 만족하는 사람이 몇이나 될까? 토익에 쏟는 수고야말로 전형적인 '밑 빠진 독에 물 붓기'다.

토익 점수가 전부가 아니라는 것을 알아야 한다. 어렵게 토익 점수를 갖추고도 '9종 스펙 세트'를 모두 갖추려면 아직 멀었다. 철인 9종 경기에 참여하려면 아직도 멀었다는 뜻이다.

◇◇◇◇◇

그래서 문과생에게
진심으로 말한다

문과생이여, 이제 철인 9종 경기에 대한 미련을 버려라. 나는 지금까지 네게 구체적인 목표를 부여하고, 함께 고민하고 걸어보았다. 나는 네 진짜 스펙을 '학교 안에서 쌓는 방법(3장)'과 '학교 밖에서 쌓는 방법(5장)'을 나누어 이야기하고자 했다. 그래서 네가 재학중이라면, 3장과 5장을 우선 충실히 읽어보길 바란다. 그리고 이제 네 입사 준비가 임박해있다면 6장을 반복해서 읽어보고 실행하길 바란다.

이제 마무리를 목전에 두고, 몇 가지를 다시 한 번 상기해보고자 한다. 우선 네 꿈이 공기업이든 아니든 상관없다. 왜냐하면 이 책은 네가 사회로 나가려면 의당 문과생으로 갖춰야 될 역량을 이야기해보자 한 것이기 때문이다.

2장에서 모든 기업의 대세가 블라인드 채용임을 말하면서, '블라인드'를 대체하려면 이제 '진짜 스펙'이 필요함을 말했다. 그래서 3장에서 문과생이 갖춰야 할 '진짜 스펙'에 대해 이야기했다. 모두가 허황된 스펙을 학교 밖에서 찾고 있을 때, 나는 단연코 진정한 스펙을 학교 안에서 찾을 수 있는 방법을 찾고자 했다. 시대가 문과생에게 '기술'보다는 '숫자'를 요구하고 있다. 문과생이 이러한 시대의 패러다임에 대응하자.

5장에서는 네가 학교 밖에서 토익 점수를 찾을 것이 아니라, 현장 경험을 쌓으라고 역설한다. 대학의 교수로 재직하면서, 많은 제자들이 휴학에 대해 물으면서 많이들 궁금해한다. 그리고 대부분 영어 점수나 직무에 정작 도움이 되지 않는 자격증(막연히 선택하기 때문이다)에 소중한 시간을 허비한다. 물론 뜻있는 친구들은 해외 여행 경험을 갖고 봉사활동을 수행하기도 한다. 나중에는 막상 적을 것이 없다고 한다.

4장과 6장에서는 공기업을 잠정적인 목표로 두고 기업 입사를 공략하는 일종의 '방편'을 제시하고자 했다. 이 부분이 어쩌면 단순 취업매뉴얼처럼 느껴질 수 있겠지만 자세히 정독해보라. 시중에 떠도는 흔한 이야기가 분명히 아닐 것이다.

책의 마지막인 7장에서는 문과생이기에 앞서 살벌한 경쟁에서 빠져나와 강한 포텐을 형성하고, 주파수를 제대로 맞추자고 했다. 내가 포텐에 대해 말한 이야기들을 가볍게 받아들이지 않았으면 한다. 내가 지켜봤던 제자들의 실제 성공담이라 보면 된다. 결코 머릿속에 있는 이야기가 아님을 주지해주었으면 한다.

이 선생은 지금의 여러분이 무엇을 원하는지를 알고 있다. 여러분은 막연하게 꿈꾸는 것을 경멸한다. 난 보다 실질적인 것을 보여주고, 너희들을 직접적으로 끌어가길 원했다. 그래서 '기업 입사를 그리도 원하지만 당장 무엇을 할지를 모르겠는' 네게 '정당한 길'을 알려주고자 한 것이다.

찬란하게 꽃을 피우지 않아도 좋다. 나는 네가 당당하게 성장한 모습을 지켜보고 싶다. '정당한 길'을 걸어가며, 꿈에 성큼 다가가는 청춘을 떠올린다.

Just do it!

내 안의 나에게 조금 더 힘내라고, 그래도 넌 잘하고 있다고, 지금은 힘겹지만 분명 잘될 거라고 격려의 말을 건네보자.

현대의 사회적 패러다임이

실질과 실용을 중시하는 트렌드라면,

대학은 그 본연적 가치와 기능에 변화하는

사회적 패러다임을 수용하면서

진화할 필요가 있다.

지금까지 너는 문과생으로서 현실적인 목표를 세웠고,

그러기 위해 준비해야 할 것들에 대해서도 알아보았다.

문과생에게도 길이 있다는 벅찬 희망도 가졌겠지만

한 번도 해보지 않은 것들이라 아마도 어깨가 무거울 것이다.

그럴 때 '진짜 성공의 법칙'을 기억하고 실천하자.

포기하지 않고 너의 목표를 이룰 원동력이 바로 포텐이다.

7장

문과생을 위한
'진짜 성공의 법칙'

다 잘하려고 애쓰지 마,
일단 비우자

"대학생이자 20대인 나, 매일이 힘겹다. 무언가 이루어야 하고 오늘도 전력을 다하지 않으면 뒤쳐진다는 생각에 두렵다. 할 수만 있다면 이 시기를 조금이라도 빨리 벗어나고 싶다. 물론 주위에서 부러워할 정도면 제일 좋지만 평균만큼이라도 하고 싶다. 언제나 마음이 조급하다.

내게는 '고딩 절친'이 있다. 준서는 주위의 기대에 부합해 예상대로 우수한 성적을 받아 SKY에 무난히 입성했고, 지금까지 4점대의 평균 학점을 유지하고 있으며, 토익도 980점이나 획득했다. 준서는 평소 재무연구회 동아리 활동을 하고 있다. 최근 국내의 경영학회에서 대학생 프레젠테이션 대회를 주최했는데 팀으로 출전해 동아리 친구 4명과 함께 금상을 수상했다. 다음 학기에는 교환학생 과정을 위해 미국으로 떠난다고 한다. 교환학생 과정에 이어 현지 인턴을 할 계획이란다.

안 그래도 좋은 학벌에 차분히 훌륭한 스펙을 쌓아가는 절친의 모습을 지켜보는 나는 불안하다. 역시 마음이 조급하다. 난 무엇을 하고 있는 걸까? 그래, 학점 따기가 쉽지 않다. 그래, 인정해주자. 그런데 남들도 다 그 정도는 하잖아?

항상 나를 친구와 비교하게 된다. 부모님도 역시 친구분 아들과 끊임없이 나를 비교한다. 내게는 부족한 것이 너무 많다. 아예 이 참에 반성하자. 부러워하지 않으면 지는 거다. '루저'가 되지 않으려면 한껏 부러워하자. 그래야 최소한 쫓아가지.

시간이 없다. 당장 영어 점수부터 확보해야 한다. 일단 토익부터 850점이라도 무조건 넘겨야 한다. 다른 건 없다. 이제 정말 이판사판이다."

일단 토익에서
빠져 나와야 해!

잠깐만, 문송아. 토익에 지금부터 목숨 걸자고 다짐하는 건 곤란하다. 뭔가가 잘못 돌아가는 건 분명하다.

이렇게 항상 부족한 것은 우리 모두의 일이다. 내가 부족한 것을 보게 되는 이유는 그것만 바라보기 때문이다. 그리고 계속 그 부족한 것을 비교하기 때문이다. 또 그 부족한 것을 무한히 늘려간다. 내가 부족한 것만 계속 바라보면 진실로 나는 부족해진다. 특히 마음이 공허해진다.

문송아, 모든 것을 잘하려고 애쓰지 말자. 남들이 여러 마리의 토끼를 성공적으로 잡는 모습을 보면서 노심초사하며 토끼들을 쫓아봐야 한 마리의 토끼도 잡지 못한다.

당장은 내가 가진 것이, 내가 할 수 있는 것이 부족해보이더라도 그것만 보려 하지 말자. 아예 신경을 끄자. 물론 그게 잘 안 된다. 하지만 이제는 비워야 제대로 시작할 수 있다. 우리가 마음을 비워야 공허해지지 않는다. 우리의 마음에서 부족함을 비워내고 다른 것들을 가득 채워보자.

◇◇◇◇◇◇

살벌한 '쥐 경주'에서
어서 빠져 나오자

세계는 바쁘다. 그 중에서도 한국인은 가장 바쁘다. 한국 사람이 외국에 나가면 자주 듣는 말이 있다. "The Korean People are diligent and hard-working!(한국 사람들은 성실하고 열심히 일해!)" 한국의 청년들은 특히나 더 바쁘다. 그러니 세계에서 가장 바쁜 사람이 한국 청년인 것이다.

우리 청년들은 초등학교에 입학한 이후로 대학생이 된 지금까지도 세계에서 그 사례를 찾아보기 힘들 정도의 극심한 경쟁에 시달려왔다. 아마도 외국인의 입장에서 그 인고(忍苦)의 세월을 지켜봐왔다면, '과연 저게 가능한 일인가?' 하고 놀라움을 금치 못할 것이다.

우리 청년들은 번아웃burn-out을 모르고 끊임없이 뛰어야 한다. 갑자기 할 일이 없어져 잠시 멈추거나, 조금이라도 쉴 짬이 난다면 뭔가 잘못을 하고 있는 것 같은 불안감이 든다. 그렇다. 당장 뛰고 있지 않으면 죄의식이 스멀스멀 올라온다. 왜냐하면 모두가 경쟁에서 살아남기 위해 한 치의 여유도 없이 전력으로 뛰고 있는데 딱히 이룬 것도 없는 내가 잠시 쉬는 것은 용서가 안 되기 때문이다.

미국의 심리학자 리처드 칼슨Richard Carlson은 이와 같은 경쟁적 상황에서 심리적으로 쫓기면서 사람들이 마냥 뛰고 있는 모습을 '쥐 경주rat race'에 비유했다. 그는 경쟁의 쳇바퀴에 빠져들고 있는 사람들이 흔히 이런 말을 한다고 일갈한다.

"나는 급하다. 그러니 나의 길 위에서 비켜! 충분한 시간이란 없다. 멀리 돌아갈 여유는 더더욱 없다. 바로 '도그-잇-도그 월드 dog-eat-dog world '다."

'도그-잇-도그 월드'는 1500년대의 미국 속담에서 유래되었다고 한다. 격심하게 굶주린 사나운 개들이 먹이를 위해 인정사정 없이 격렬히 싸우곤 했다. 이와 같이 서로 먹고 먹히는 살벌한 경쟁 관계를 의미한다.

이와 같은 상황에서 모두가 격렬히 쥐 경주처럼 뛰어들어 자신의 열정과 시간 모두를 기꺼이 바친다. 끊임없이 쉬지 않고 뛰면서 말이다. "옆을 돌아보는 순간 바로 도태다." "모든 승부는 무조건 이겨야 하는 것이다." "이겨야만 사는 것이다." 이렇게 되뇌면서 달려간다. 어릴 적부터 "최선을 다하라"는 말을 귀 따갑게 들어오지 않았는가?

과연 느슨해도
되는 걸까?

이쯤에서 다음과 같은 질문을 하고 싶다.

"과연 미래를 걱정하고 과거의 오류에 집착하며, 주변의 경쟁을 의식하고 자신에게 한 치의 여유를 주지 않는다면 성공에 이르는 길일까?"

리처드 칼슨은 이에 대해 다음과 같이 말한다.

"사람들은 흔히 '느슨하고 행복한 사람들은 하드워커hard worker가 아니다. 그들은 현재의 상태에 만족하기 때문에 동기가 결핍되어 있다'고 오해한다. 하지만 바쁘고 불행한 사람들이야말로 스트레스·화·좌절 등에 지나치게 비생산적인 에너지를 많이 쓰기 때문에 진정으로 성공을 위해 쓰여야 할 에너지가 고갈된다. 따라서 그들은 지금 자신들이 하고 있는 일에 대한 열정은 물론 동기마저 사라지기 쉽다."

결국 리처드 칼슨은 느슨하고 행복한 사람이야말로 가장 효율적이라고 말하는 것이다.

현재를 사는 우리 청춘들 모두가 살벌한 경쟁에 살아남기 위해 치열하게 노력하지 않으면 안 되는 세상을 살고 있다. 미래에 대한 끊임없는 걱정과 불안이 머릿속을 가득 채우고, 과거의 오류나 착오에 대해 반복해서 후회하며, 항상 주변과 자신을 비교하고, 현재의 상황에 대해 좌절하곤 한다.

그런데 문송아, 멈춰서 이런 의심을 한 번만 해보자.

'그렇게도 경쟁적인 상황에서 이렇게 불안한 마음을 품고, 항상 급하고 바쁘게 살며 몸과 마음을 녹초로 만든다고 할 때 과연 내가 원하는 성공을 얻을 수 있을까?'

어쩌면 쥐 경주에 열렬히 빠져드는 게 아니고, 쳇바퀴에서 아예 빠져나오는 게 답 아닐까? 물론 아직도 자신을 둘러싼 현실이 너무나도 불안할 것이다. 느슨하고 현재에 행복한 베짱이는 결국 추운 겨울에 굶어 죽었다고 하는데, 정말 느슨하고 걱정 없이 행복해도 성공이 가능할지 말이다.

Just do it!

잠깐 멈춰서서, '네가 무엇 때문에 바쁜지'를 연습장에 한 번 적어봐. 그리고 '어떤 때 가장 화가 나고 불안한지'도 적어봐.

'느슨하지만 절대적인' 성공 법칙, 포텐을 높여!

앞 칼럼에서 느슨하게 쉬어가자고 당부했는데, 상처받은 네 영혼을 달래주기 위해서 이런 말을 하는 것이 아니다. 혜민 스님께서 『멈추면 비로소 보이는 것들』이란 책에서 상처받은 사람들에게 '변화하는 세상 속에서 행복을 찾는 방법'을 알려주고자 했다. 그렇지만 나는 애초에 행복한 마음을 전파할 의도를 가진 적이 없음을 명확히 하겠다. 그러기에는 나의 역량이 안 된다.

미래를 위해 꾹 참고 바삐 살아온 네게 '잠시 쉬어가거라, 그래도 괜찮아'라는 식의 얘기를 하는 것이 아니다. 나는 문송이인 네게 영혼의 치유가 아닌 현실적인 성공의 법칙을 말하고 싶다. 지금부터 몇 가지 이야기를 통해 '진짜의 법칙'을 이야기하고자 한다.

◇◇◇◇◇◇

살벌한 경쟁사회,

성공의 법칙은 따로 있다

우리의 주제를 다시 한 번 이야기해보자. 요즘처럼 살벌한 경쟁
에서도 진정으로 성공하는 법이 무엇일지에 대해 다시 고민해보
자는 것이다.

나는 성공 함수를 다음과 같이 정의해본다.

Success = f(effort, fortune)

(Success: 성공, effort: 자신의 노력, fortune: 행운)

부모의 재력 등 나머지 변수들은 무시한다면, 성공은 결국 자
신의 노력과 행운의 함수이다.

모두가 성공을 위해서 열심히 노력한다. 노력의 결과로 어떤 이
는 성공을 거두고, 어떤 이는 그렇지 못하다. 노력은 자기 스스로
가 통제 가능한 변수다. 반면 행운은 자기 스스로가 만들어낼 수
없는 통제 불가능한 변수로 대부분 인식한다.

그래서 사람들은 성공을 위해서 기꺼이 쥐 경주에 동참해 모든
노력effort을 다하려고 할 것이다. 지금도 누군가는 더 할 수 없는

최대치를 다하고 있을 것이다. 어쩌면 자신 스스로가 성공을 위해서 할 수 있는 것이 노력밖에 없는 셈이다.

이렇게 많은 사람들이 온 힘을 다해 엄청난 노력을 하고 있지만 막상 자신의 노력만큼 성공을 실제로 거두는 이는 많지 않다. 뜻대로 되지 않는 것이 인생이다. 그렇지만 내 인생을 방관하고 아무런 노력도 안 하고 살 수는 없는 노릇이다.

⬦⬦⬦⬦⬦

진실로 행운은
통제 불가능한 걸까?

행운은 어떤가? 진실로 우리가 행운을 통제할 수는 없는 것일까? 만약 우리 스스로가 당장은 아니더라도 행운을 벌 수 있는 방법은 없을까?

별 노력 없이도 쉽게 성공을 이루는 운 좋은 사람들을 주변에서 흔히 본다. 물론 대부분은 많은 노력에도 불구하고 성공을 못하는 사람들이 다반사다. 그런데 별 노력 없이도 쉽게 성공하는 사람들은 정말로 별 노력을 안했을까? 혹시 우리가 알고 있는 방식이 아닌, 다른 방식으로 노력하는 것은 아닐까?

흔히 운이 좋은 사람들은 계속해서 운이 좋은 것을 목격할 수 있다. 역으로 운이 나쁜 사람들은 뭐든 계속 안 된다. 갖은 노력에도 불구하고 말이다. 그렇다면 운은 타고 나면서 정해지는 걸까? 아니면 살면서 운을 불러올 수 있는 걸까? 계속된 의문이 꼬리를 잇는다.

이런 이야기가 있다. "천재는 노력하는 자를 이길 수 없고, 노력하는 자는 즐기는 자를 이길 수 없다." 마찬가지다. 노력하는 자는 어떻게 해도 운 좋은 자를 이길 수 없다.

◇◇◇◇◇◇

포텐을 높이면
행운을 불러올 수 있다!

그런데 어떻게 하면 행운을 불러올 수 있을까? 답은 간단하다. "너의 포텐potential을 높여라."

너의 포텐을 높이면 네게로 행운을 불러올 수 있다. 최선의 노력으로 성공하기는 만만치 않지만, 너의 포텐을 높여서 행운을 필연적으로 불러온다면 반드시 성공할 수 있다. 방법을 몰라서 그렇지, 알면 할 수 있다.

문송아, 포텐이란 말이 와닿지 않을 것이다. 물론 당장은 네게 뜬 구름 같은 말로 들릴 수 있다는 걸 나도 잘 알고 있다. 그런데

분명 포텐이 있으면 이룰 수 있다. 심지어 네게 사치스러운 꿈들
조차도 분명히 이룰 수 있다. 함께 가보자.

Just do it!

과연 '네가 그동안 노력이 부족했는지' 생각해보자. 만약 '네가 노력이 부족했다면, 그 시간 동안 얼마나 더 노력했을 수 있었는지'도 생각해보자. 하지만 그 결과로 네가 중환자실에 쓰려져 있지는 않아야 한다. 네가 로봇이니?

포텐은 무엇이고,
어떻게 높일 수 있을까?

포텐의 뜻이 무엇인지 한번 보자. 포텐은 숨겨져 있는 잠재력을 의미한다. 보통 '터지다' '폭발하다' 같은 말과 같이 사용된다고 한다(네이버 국어사전). 『옥스퍼드 사전Oxford Dictionary』에서는 'having or showing the capacity to develop into something in the future(미래에 폭발할 역량을 가지거나 보임)'로 정의했는데 그 뜻이 유사하다.

한편 포텐이 함유하는 '잠재력'에 초점을 맞추면, 『캠브리지 사전Cambridge Dictionary』의 정의를 참고할 만하다. 여기에서는 'someone's ability to develop, achieve, or succeed(점진적으로 발달해 무언가를 성취해내며 성공으로 이끌 능력)'로 정의한다.

위와 같은 정의를 종합해서, 포텐의 뜻을 '미래의 성공을 위해 숨겨진 잠재력' 정도로 생각하자. 포텐은 현재에는 잘 보이지 않으나, 어떤 계기나 도화선을 만나면 폭발하는 성질을 가진다.

이 포텐이 폭발하는 시점에 누군가는 엄청난 행운이 따름을 알수 있다. 왜냐하면 평소에는 잘 보이지 않는 능력인데 어떤 계기로 엄청난 능력을 보이면서 기대치 않은 성취를 하는 것이니, 누가 보아도 그건 명백한 행운일 것이다. 그러니 우리가 포텐을 높일 수만 있다면, 때가 되면 반드시 놀라운 성공을 얻게 될 것이다.

⬦⬦⬦⬦⬦

포텐을 올릴 수 있다,

네가 하는 만큼!

이제부터 '포텐의 법칙'을 얘기해볼 거다. '포텐의 법칙'은 너의 포텐을 생성하고 이를 극대화하게 하며, 결국 네 포텐의 폭발 시점을 알려줄 것이다. 포텐의 첫 번째 법칙은 처음 들으면 다소 황당하다. 그렇지만 그렇게 해봐라. 포텐의 두 번째 법칙은 반드시 첫 번째 법칙을 이행해야 파괴력이 나온다.

문송아, 믿어 의심치 말길! 이리도 답답한 현실에서 깊은 매듭을 푸는 방법은 이것이 유일하다.

Just do it!

지금부터는 졸지 마. 그리고 네게도 엄청난 포텐이 있음을 믿어줘.

[법칙 1] 행운을 믿고 무조건 느슨해져라

네게 다가올 행운을 의심치 말고, 지금 이 순간 평정심, 만족, 그리고 행복감을 유지해야 한다. 그러면 네 포텐이 생성되고 커지며 확고하게 될 것이다. 결국 강한 기운이 내적 에너지를 형성하고 그것이 행운을 부르는 것이다.

쥐 경주에서 전력 질주한다고 해서 강한 기운이 만들어지는 것은 결코 아니다. 오히려 과다한 에너지 소모로 긍정적이고도 잠재적인 기운은 고갈된다. 쉽게 말하자면 번아웃되는 것이다. 리차드 칼슨 박사는 "우리의 자연적인 마음의 상태는 만족과 기쁨이며, 우리가 더 좋은 기분을 느낄수록 우리는 더 좋은 의사결정을 할 수 있으며 더 효율적이다"라고 말한다.

만족감이 없는 삶은 '많은 문제들과 함께 바쁘게 싸워야 하는 전쟁터'일 뿐이다. 걱정과 근심으로 모든 신경을 분산시키고 에

너지를 다 소모하고 나면, 남는 것은 좌절과 질투다. 또한 걱정은 더욱 커질 따름이다. 우리는 효율을 추구하고자 바쁘게 투쟁하지만 이렇듯 가장 비효율적인 결과를 맞는다.

사실 우리가 처한 상황이 만족감이나 행복감을 줄 수 있다고 가정하는 것은 어렵다. 현실은 너무나도 힘든데 복에 겨운 소리라고 생각하게 된다.

엄밀히 말하자면 우리가 처한 상황이 나쁜 감정을 유발하는 것이 아니다. 우리가 나쁜 것을 생각하면 나쁜 감정이 생기고, 좋은 것을 생각하면 좋은 감정이 생기게 되는 것이다.

외부에서 생각을 우리에게 주는 것이 아니다. 바로 우리가 우리의 의지로 어떤 것을 생각하는 것이다. 결국 상황은 상황일 뿐이며 우리의 생각이 '우리가 어떻게 느끼는지'를 결정하는 것이다.

만약 우리가 부정적인 생각을 계속 하게 되면, 부정적 감정으로 인해 마음이 엉망이 된다. 이렇게 엉망인 감정 상태에서 무슨 잠재력이 나올 수 있겠는가?

기분 나쁜 사람은 언제나 일이 잘 안 풀린다. 왜냐하면 그 사람에게는 포텐이 없기 때문이다. 기회가 있어도 잡을 눈과 능력도 없고, 기회가 온다 해도 폭발할 잠재력이 없으니까 말이다.

단지 '너의 느슨함'을 위해
모든 걸 바쳐라

그러니 아직도 온 힘을 다해 바쁘고 피로에 지쳐 영혼 없이 살고 있다면, 당장 멈춰야 한다. 미래에 대한 막연한 걱정을 멈추고 그 자리를 현재, 바로 이 순간에 몰입함으로써 채워라.

네게 잠시의 여유와 평화가 주어진다면 충분히 즐겨야 한다. 괜찮다. 아니, 그게 너의 포텐을 만들 것이다. 잠시가 되더라도 느슨하고 행복해지면 좋다.

네가 잠시 갖는 여유 시간에도 혹시 스마트폰을 들고 검색하거나 카톡을 하고 있다면 중지해야 한다. 만약 어쩔 수 없이 해야 한다면 가능한 시간대를 정해 몰아서 해라. 잠시만 스마트폰에서 벗어나도록 하자.

네게 주어진 소중한 시간을 너의 평온, 긍정, 그리고 느슨함을 위해 모두 바쳐야 한다. 그렇게 하는 것이 널 위해 긍정의 에너지를 담는 것이고, 너도 모르게 상상할 수도 없는 엄청난 포텐을 만들어나가는 것이다.

◇◇◇◇◇◇

'세로토닌'해.

있는 그대로를 봐!

이시형 정신과 박사님이 저서 『세로토닌하라!』에서 말씀하셨다. 인간의 뇌 중 앞부분에 해당하는 전두엽(뇌의 최고사령부라고 한다)을 보면, 뇌간의 중앙 봉선핵이라는 곳을 따라 정중부에 세로토닌 신경이 있고 이곳에서 세로토닌 신경 전달 물질을 만들어 낸다고 한다. 그런데 경쟁과 스트레스에 시달리면 전문용어로 편도체 과열 상태로, 이 세로토닌 물질이 고갈된다고 한다. 일종의 뇌의 탈진 상태가 오는 것이다. 반면 편안하고 온화하며 낙관적이고 행복하면 이 세로토닌 물질이 왕성하게 분비된다고 한다.

이처럼 세로토닌은 무서운 힘을 가지고 있다. 세로토닌이 충만되면 무슨 일이든 성과가 좋을 수밖에 없다. 세로토닌형 인간은 짧은 시간만 일해도 무서운 집중력으로 하기 때문에 노는 것 같지만 엄청난 파괴력으로 성과를 낸다.

문송아, 너무나도 바쁜 쥐 경주에서 당장 빠져나와야 한다. 그리고 편안, 긍정과 소소한 행복으로 너의 뇌에 세로토닌 물질을 가득 채우고, 강력한 네 포텐을 생성해야 한다. 주변을 쳐다볼 것도, 부러워할 것도 없다. 결코 너 자신을 괴롭히거나 닦달하지 마

라. 무엇인가 바쁘게 하는 것을 멈추고, 지금 조용하고 편안한 순간을 즐겨라.

그렇다고 일을 당장 놓으라는 말이 아니다. 네 머리를 감싸고 있는 걱정, 불안, 계속 떠오르는 나쁜 생각을 버리라는 것이다. 무슨 일을 하든지 계속 걱정하고 질투하고 화를 내고 푸념하는 사람이 있다고 하자. 그 사람의 포텐이 과연 얼마만큼 높아질까?

오직 좋은 생각만을 하자. 그냥 네 마음을 닦달하지 않는 것만으로도 훌륭하다. 가만히 멈춰서 편안히 있는 것은 더더욱 훌륭하다. 아무 생각 없이 지금 주어진 잠시의 짬을 즐기고 있다면 더할 나위 없이 훌륭하다.

상황이 좋지 않더라도, '지금 상황이 그렇구나' 하며 있는 그대로를 봐야 한다. 상황이 널 화나게 하는 게 아니고 너의 생각이 화나게 하는 것이다. 오늘 좋은 일이 저녁에 있다고 하자. 그럼 계속 좋은 일만 생각하면서 기분 좋게 일하고 공부하자. 나 자신을 괴롭히지 말자. 나아가 나 자신을 즐겁게 하는 것이야말로 가장 바람직스럽다는 것을 잊지 말자.

문송아, 너의 포텐의 존재를 믿고 가보자. 네 강한 포텐이 결정적 순간에 네 인생을 바꾸어놓는 놀라운 행운을 반드시 보게 될 것이다.

Just do it!

지금 널 둘러싼 행복한 일이 없을 거야. 답답한 현실만 보이잖아. 그렇지만 계속 계속 연습하고 느슨해져. '세로토닌'해!

[법칙 1] 지금 당장
이 3가지만 실천하자

자, 이제 '법칙 1'을 구체적으로 실천해보자. '법칙 1'에 따라 3가지 '해야 할 일'은 다음과 같다.

◇◇◇◇◇

좋은 생각과

재미있는 생각만 하자

첫째, 좋은 생각과 재미있는 생각만 해라.

항상 좋은 생각과 재미있는 생각을 하면 좋은 감정이 생긴다. 지금 이 순간이 좋으면 금상첨화다. 또는 가까운 시일내에 좋은 일이 있다면 그걸 생각해라. 아니면 그냥 차라리 지금 일에 몰입해라. 아무 생각 없이.

무슨 일을 하든지 현재의 재미를 찾아야 한다. 그게 안 되면 최소한 현재의 일에 집중하면 된다. 일 자체에 집중한다는 것은 계속해서 좋고 나쁨을 평가하지 않는다는 것이다. 그냥 일을 하는 것이다. 물론 가능한 거기서 재미를 찾으면 좋다. 우리가 불필요한 평가를 하지 않게 되면, 현재의 몰입만으로도 충분히 즐거워진다.

좋은 감정이 자꾸 쌓이면 조만간 폭발할 화산만큼의 포텐이 만들어진다. 엄청난 포텐은 결국 널 성공으로 이끌고, 행운을 가져다준다.

◇◇◇◇◇◇

밝은 목소리를
유지해야 한다

둘째, 밝은 목소리를 유지해라.

밝은 목소리를 내려면 좋은 감정을 담고 있어야 한다. 당장 해보라. 화나고 기분 나쁜데 좋은 목소리가 나오는지를. 그러니 항상 밝은 목소리를 내려고 노력하면 너의 감정도 당연히 좋아진다. 이것이 쌓이면 강한 포텐이 된다.

친절해야 한다는 것이 아니다. 그것이 어디 말처럼 쉬우냐? 밝은 표정도 좋다만, 알다시피 그렇게 하기는 쉽지 않다. 셀카를 찍을 때 너 또한 밝고 예쁜 표정을 지으려 하지만 어느새 '썩소'가 나오는 것은 이런 이유 때문이다.

그렇게 애쓰는 노력까지도 필요 없다. 그렇지만 밝은 목소리를 내도록 노력해봐라. 다시 말하지만 밝은 목소리가 충분히 쌓이면 네게 엄청난 행운이 온다. 믿어도 된다.

간단한 예로 면접장에서 임원이나 실무진이 중요하게 보는 것이 과연 무엇일까? 기업에 대한 이해? 대단한 직무 능력? 물론 그것도 매우 중요하다. 그러나 뽑히는 사람은 정해져 있다. 바로 밝은 목소리를 가진 사람이다. 그런데 그게 쉽게 안 된다. 충분한 세월이 쌓여야 밝은 목소리를 만들 수 있다. 간단한 연습으로 누구나 밝은 목소리를 가질 수 있다면 누군들 못하겠는가?

◇◇◇◇◇

느슨함을
온전히 즐겨라

셋째, 느슨함을 즐겨라.

단지 느슨한 정도로는 안 된다. 느슨함을 즐겨야 한다.

주역학자 김승호 선생님의 책 『돈보다 운을 벌어라』에 있는 명

구절을 기억하자. "인생은 군사 작전이 아니다. 빡빡한 스케줄에 맞춰 쉴 틈없이 사는 것은 운을 죽이며 사는 것과 마찬가지다."

네가 마음의 여유로운 시간을 벌지 못하면 네 인생은 죽은 것과 마찬가지다. 네 포텐은 말할 것도 없다.

포텐은 기회를 기다리는 잠재력이다. 너만의 시간은 곧 포텐을 버는 시간이다. 힘들게 해야 할 것은 없다. 그냥 네 시간을 즐기면 된다. 잠시라도 좋다. 널 속박하지 말고, 누군가와 소통하려 집착하지 말아라. 누구에게 잘 보이려고 집착하지 말고, 그냥 널 옭아매지 말아라.

그런 시간을 즐기면 넌 충분히 느슨해진다. 거창한 생각과 상념도 필요 없다. 그 느슨한 느낌을 사랑해라. 잠시 주어진 1분의 시간만으로도 충분히 느슨해질 수 있다. 명상이나 요가까지는 요구하지 않는다. 그렇게 깊은 바다가 큰 물을 담듯이, 느슨함과 평온은 큰 포텐을 담을 수 있다.

더 나아가자면 여기서 한 가지만 더 하면 좋을 것 같다. 책을 읽자. 그런데 그건 굳이 어려운 전공서적을 말하는 게 아니다. 네가 '읽을 때 재미있고 시간가는 줄 모르는 책'이면 돼. '재미있는 책을 읽을 때'만큼 소소한 즐거움을 얻기는 쉽지 않아.

문송아, 네가 머릿속에 좋은 생각을 담고, 네가 타인에게 밝은 목소리로 말하며, 그리고 네 행동이 느슨해지면서 그걸 즐긴다

면, 분명히 엄청난 분화구가 만들어진다. 네 엄청난 포텐을 담아
낼 엄청난 분화구가 말이다.

Just do it!

네 주변의 모든 사람들에게 밝은 목소리로 말해봐. 처음에는 잘 안 될 거야. 그런데 이상한 일이 일어나. 너를 둘러싼, 그렇게나 많은 '짜증'스러운 상황이 줄어들어. 꼭 실험해봐.

[법칙 1] 지금 당장
이 3가지는 그만두자

포텐의 '법칙 1'을 실행해가면서, 지금까지 습관적으로 해왔던 다음 3가지를 당장 중지해야 한다.

◇◇◇◇◇◇

재앙을 부르는
불평을 그만두자

첫째, 불평을 그만두자.

당장 불만을 쏟아내는 입을 막자. 불평을 하면 어렵게 쌓았던 포텐이 다 빠져나간다. 그러니 당장 입을 막자. 카톡도 마찬가지다. 문자도 입이다. 말이든 문자든지 불평은 재앙이다. 불평을 하다보면 당연히 화가 난다. 화가 자꾸 나면 잘 안 된다. 화가 나서 모든 것이 병든다.

똑같은 상황에 처해 있더라도 불평하는 사람만 결국 안 된다. 주변을 보자. 항상 불평을 달고 사는 사람들이 잘되는지를 말이다. 이건 아주 쉬운 진리다.

남을 평가하지 말아라. 다른 사람들의 결점을 보려 하니 불평을 하게 된다. 그냥 상대방의 행동 자체만을 볼지언정 잘잘못을 따지지 말아라. 상대를 억지로 바꾸려고 하지도 말자. 너도 '꼰대'가 되고 싶니?

현재와 미래에 대한
걱정을 그만두자

둘째, 걱정을 하지 말자.

물론 걱정이 왜 안 되겠니?, 현재 처한 상황도 걱정이고, 미래는 더더욱 걱정뿐인데.

하지만 자꾸 고민하니까 걱정이 더 되는 것이다. 지금 불안하니 당장 무언가 해야 한다는 생각을 버려라. 지금 무언가를 하면 할수록 불안만 커질 것이다. 제대로 하는 것도 아닐 테니 말이다.

생각을 내면으로 끌고 가지 말고, 차라리 밖에서 일어나는 것들을 구경해라. 심리학에서는 이렇게 말한다. 인간은 가만두면 생각에 빠지고 자연히 걱정과 불안을 키운다고 말이다.

좋은 방법 가운데 하나를 소개하자면, 내면으로 빠져들지 말고 밖에서 일어나는 일들을 즐겁게 관찰하는 것이다. 잘 관찰하면 결코 지루하지 않을 것이다. 물론 걱정이나 불안이 끼어들 여지는 없어질 것이다.

우리는 미래에 대해 염려한다는 핑계로 끊임없이 미래에 대해 걱정하고 있지만 정작 건설적인 미래에 대한 설계는 하고 있지 않다. 끊임없이 미래에 대해 걱정하고 불안하며 너의 에너지를 다 소모하고 나면 정작 네가 이룩할 때 필요한 포텐은 어디에 있을까? 네 마음속에 걱정을 비우면 머지않아 그 자리에 네 포텐이 가득찰 것이다.

ᆞᆞᆞᆞᆞᆞ

네 상황에 대해서
평가하지 마라

셋째, 네 상황에 대해서 평가하지 마라.

네게 주어진 상황을 그저 지켜볼 뿐, 불필요하게 감정을 개입시키지 마라. 다른 사람의 행동에 대해 관찰할 뿐, 평가하지 않아야 한다. 마찬가지로 네 상황에 대해 관찰해서 그대로 인식할 뿐, 평가해서는 안 된다. 네 상황에 대해 평가를 하다보면 자연히 부정적 감정이 자극될 것이다. 네가 생각하는 대로 네 감정은 자극되기 때문이다.

남의 상황과 비교할 필요가 없다. 이는 부정적 감정만 자극하기 때문이다. 모든 부정적 감정은 쌓이면 네 포텐을 상하게 한다.

이미 말했듯이 우리가 처한 상황이 나쁜 감정을 유발하는 것이 아니라, 우리가 나쁜 것을 생각하니까 나쁜 감정이 생기는 것이다. 긍정적 감정이 충분히 쌓이면 화산 폭발과도 같은 위력의 포텐을 만들 수 있듯이, 네 부정적 감정도 자꾸 쌓이면 네 포텐은 완전히 사라져버릴 것이다. 그러니 있는 그대로 지켜볼 뿐, 너의 상황을 평가하지 마라. 남에 대해서는 잘잘못을 평가하지 말아야 되듯이, 나의 상황에 대해서는 호불호를 평가하지 마라.

문송아, 우선 네게 다가올 행운을 믿고 부정적인 모든 걱정과 불평을 중지해라. 그리고 네가 지금 충분히 '느슨'하고 행복해진다면 넌 성공의 문턱에 아주 '빨리' 가고 있는 것이다.

Just do it!

네가 단 1시간 동안 몇 번 정도 불평을 하는지 세어보자. 남들한테 하든지, 네 상황에게 하든지 모두 1번으로 치자.

[법칙 2] 너의 포텐은
지향점을 가져야 한다

네가 너의 염려와 걱정을 버리고, 현재의 느슨함을 즐길 수 있다면 좋은 방향으로 많이 온 것이다. 그러한 느슨함이 계속 쌓이면 나쁜 기운이 달아나고 그곳에 벅찬 무언가가 절로 가득차게 된다.

이렇게 준비가 충분히 되었다면, 넌 이제 네 포텐의 지향점을 만들어야 한다. 적극적으로 말이다. 지향점을 가지면 너의 포텐은 극대화될 것이다. 뿐만 아니라 지향점을 가지면 네 포텐이 언제 폭발할 것인지도 예감할 수 있다.

네 포텐이 지향하고 나갈 곳을 지정해서, 온 힘을 그곳에 모으도록 하자. 햇빛 그 자체는 종이를 불태울 수 없지만, 작은 돋보기라 할지라도 그 햇빛의 지향점을 한 곳으로 모아주면 종이는 금방 타오른다.

◇◇◇◇◇◇

행운을 믿고
경건히 기다리자

김승호 주역학자가 책『돈보다 운을 벌어라』에서 주역의 괘상 중 '천택리(天澤履)'를 설명한 부분이 있다.

"천택리는 '하늘이 주는 복을 담는 그릇이 있다'는 뜻으로, 운을 기다리는 경건한 마음이다. '평소에 운이라는 것이 존재하니 신경을 쓰자'고 마음먹으면 자신도 모르게 운을 끌어당기는 행위를 하게 된다. 그러니 운을 벌고 싶다면 먼저 운을 벌겠다는 생각을 해야 한다."

그렇다. 경건한 마음으로 끊임없이 행운을 추구하는 마음을 가져야 한다. '행운을 경건히 추구하는 마음'이 바로 포텐의 지향점을 만드는 시작이다.

행운을 추구하는 마음은 네가 좋은 스펙을 만들기 위해 최선의 노력을 다하는 마음을 말하는 것이 아니다. 물론 노력을 하는 마음은 예쁘기 그지없지만, 지금 그런 말을 하는 것이 아니다.

'난 내 할 일을 다 했으니 아무런 미련 없이 결과를 일단 기다려보겠다'는 생각이 아니다. 인간의 힘으로 할 수 있는 한계가 분명함을 자각하고 경건한 마음으로 운을 비는 것이다. 바로 운이 필요하다는 믿음이고, 이 운 앞에서는 지극히 경건해야 한다.

이제 네가 진실로 행운을 추구하는 마음을 가지면. 네 포텐은 어느 방향이 되었든 자리를 잡을 것이다. 그리고 그 방향은 이미 네 성공을 지향하고 있을 것이다.

◇◇◇◇◇

네 전두엽에
무한한 힘을 불어넣어라

이제 중요한 일이 있다. 문송아, 네가 원하는 것을 구체적으로 상상해라. 그리고 지속적으로 너의 모든 것을 다해 강렬히 염원해야 한다.

이시형 박사님이 평온과 행복으로 세로토닌이 충만해지면 엄청난 집중력으로 가공할 만한 성과를 달성할 수 있다고 말했다. 정말 중요한 이야기다. 세로토닌으로 충만되면, 인간의 뇌 가운데 최고 사령관인 전두엽이 무한한 가능성을 갖는다고 했다. 이 전두엽은 내 행동이 나도 모르는 사이에 목표를 향하도록 한다고 했다. 즉 세로토닌형 인간이 간절히 무언가를 바라면, 자신의 전두엽이 무한한 능력으로 자신의 꿈을 이뤄내게 한다는 것이다. 즉 포텐이 지향점을 명확히 갖는다는 것이다.

옴니포턴트여, 깨어나라!

그리고 세상을 움직여라!

비슷한 이야기를 더 해보자. 청춘들을 꿈꾸게 했던 이지성 작가의 책『꿈꾸는 다락방』에 나오는 말이다.

"당신의 꿈을 시각화하라. 만일 당신이 마음의 눈으로 이미 성공한 회사, 이미 성사된 거래, 이미 달성된 이윤 등을 볼 수 있다면, 실제로 그런 일이 일어날 가능성이 높아진다. 이미 성공한 모습을 마음속으로 생생하게 그리는 습관은 목표를 달성하게 하는 가장 강력한 수단이다. 즉 성공을 시각화하면 그 이미지는 현실이 된다."

재미있는 내용이다. 이런 내용도 있다.

"초등학교 시절 음악이나 체육 실기 시험을 앞두고 그 시험을 성공적으로 치르는 자신의 모습을 생생하게 그려본 경험이 누구나 있을 것이다. 교육학자의 말에 따르면 이 경우 잠재력이 발휘되어서 평소보다 몇 배 뛰어난 실력이 나온다고 한다. 여성이 매일 매순간 예뻐지는 자신의 모습을 생생하게 그리면 온 몸의 세포들이 그 마음에 반응해서 외모를 실제보다 몇 배 돋보이게 만들어준다."

비슷한 이야기는 또 있다. 전세계적으로 3,200만 권 이상 팔려 나간 세계적인 베스트셀러 이야기다. 그 책은 바로 『It works』다. 저자는 톰슨 제이 허드슨 정신과 박사의 옴니포턴트omipotent 이론 을 근거로, 우리 안에 존재하는 놀랍고도 전지전능한 능력을 작 동시키는 간단한 법칙을 제시한다. 저자가 말하는 소원 성취의 비결은 바로 이것이다. '우리가 원하는 것을 진정으로 성심을 다 해 진실한 마음으로 그것을 소망해야 한다.'

라디오처럼 주파수를 정확히 맞춘다면, 즉 정확하게 구체적으 로 소원을 성심으로 염원한다면 완벽한 결과가 얻어지는 것이다. 우리가 무엇을 가볍게 바라기만 해서는 이 전지전능한 능력이 결 코 작동할 수 없다고 한다. 대부분의 사람들은 사람들이 바라는 소원을 입으로만 내뱉는 수준에 머물고 만다고 한다. 그러므로 우리 마음속에 존재하는 전능한 능력을 향해 간절히 그리고 끊임 없이 이야기하라고 한다.

문송아, 하루에도 수없이 네 꿈이 이루어진 상황을 생각해라. 마치 그것이 지금의 네 현실인 것처럼 네 모든 것을 걸고 그 순간 만을 생각해야 한다. 목숨 걸고 꿈꿔야 한다. 이렇게 매 순간 네 꿈을 상상한다면 이것이 축적되었을 때, 네 포텐은 활화산과 같 은 힘을 갖게 된다. 분명한 지향점을 가지고 꿈꿔야 한다.

"막연히 꿈꿔라"라고 말하는 것이 아님을 유념해주길 바란다.

너를 지극한 경쟁과 스트레스에 내몰지 말고 네 세로토닌의 힘을 극대화해라. 그러고 나서 충만된 네 포텐을 한 곳으로 모아야 한다. 주파수를 극대화한 후, 그 주파수를 정확히 맞추라는 말이다.

◇◇◇◇◇◇

구체적이고 끊임없이
마음껏 염원해야 한다

문송아, 반드시 앞에서 말한 2가지를 다 해야 한다. 어느 하나만 해서는 안 된다. 느긋해야 한다. 그리고 목숨을 걸고 구체적이고 끊임없이 마음껏 염원해야 한다. 우선 이리도 경쟁적이고 엄청난 세상의 장벽에 대해 오히려 느긋하고 편안한 마음을 가지라고 말하고 있음을 기억해주길 바란다.

그렇다면 아무리 힘들어도 거친 장벽을 넘어설 수 있다. 네 꿈을 공기업이라 가정하자. 이미 말했듯이 문과생의 '진짜 스펙'을 위해 길을 잠시 빌려 그 길을 가는 거야. 이제 함께 가보자.

Just do it!

하루에 단 2번 즉 아침에 일어나서, 그리고 잠자기 전 '실현된 너의 꿈'을 구체적으로 상상해라. 아주 구체적이어야 하고, 집요할수록 좋다.

문과라도
나는 자랑스럽다!

이 책을 취업매뉴얼로 생각하지 않았으면 좋겠다. 물론 '공기업'이라는 하나의 목표를 두고 기술했다. 네가 공기업을 지향하든, 대기업이나 중견기업을 지향하든, 시험을 지향하든 그것이 중요한 건 아니다.

내 문과생 제자들은 고등학생 이후에 아무런 불평도 없이 현실에 주어진 과제를 해왔고, 지금도 처절히 사투를 벌이고 있다. 내가 말하고 싶은 것은, 네가 아무 생각 없이 '남들이 다 하니까' 똑같이 하려는 무리 속에 소멸할지도 모를 문송이 인생을 막자는 것이다. 감당할 수 없는 현실의 장벽에서 문과생으로서 살아남자보자는 것이다.

네가 문과생이라면 이 책을 정독해보길 권한다. 다시 말하지만 네가 공기업을 지향하든 아니면 다른 뜻을 두든 그것은 중요하지 않다. 도저히 싸울 엄두가 나지 않는 경쟁적 세상에서도 우리는 살아남아야 한다. 한 번뿐인 우리의 인생, 우리의 청춘이기 때문이다.

문송이를 마치 사회에서 버린 패륜아 취급을 하고 있는 세상, 어쩌면 우리가 우리의 꿈을 꾸고 말하는 것조차 두려운 세상에서 우리는 살아남기 위해 고민해야 한다.

대학에서 교수로 있으면서 너희들에게 들었던 수많은 고충을 나 또한 고민했다. 이 선생의 사회 경험이, 그리고 너희들에 대한 걱정이 조금은 도움이 되길 바라며 이 책을 썼다.

네가 뜻이 없든지, 기업체를 지향하든지, 아니면 공시나 고시를 보려 하든지 무엇이라도 상관없이 반드시 고민해야 한다. 왜냐하면 지금 이 세상은 한 청춘의 부족한 경험과 시야로 부딪치기에는 너무나 높은 장벽으로 둘러싸여 있기 때문이다.

네가 피를 뚝뚝 흘리며 날지 못하는 한 마리 새가 되어가는 모습을 도저히 지켜만 볼 수 없었다. 네가 무작정 꿈만 꾼다고 이룰 수 있는 세상이 아니다. 물론 어떤 꿈조차 꾸기에도 힘든 세상이고 말이다.

자. 이제 이 책을 마무리할까 한다. 이렇게 내 멘토링을 마무리하지만 나는 네 옆에 있을 것이다. 아래는 네게 쓰는 편지다.

대학에 와서 벌써 7년을 함께했다. 미안하게도, 힘들어하는 너희들을 보면 선뜻 무슨 이야기를 하기가 힘들다. 항상 "잘 될 거야." 하면서도, 20년 생애를 바쳐 어쩌면 단 한 가지 목표를 위해 노력해왔던 너희들에게 말문을 열기 어려웠다.

너희들 곁에 가까이 있으면서 무슨 말이든 들어주고 해주어야 하는 입장에서, 내 스스로에게 "수업이나 잘해"라고 말하며 갖은 핑계로 미루어왔다. 어쩌면 무작정 미뤘을지도 모른다.

그렇지만 더 이상 방관하는 것은 내 권리가 아니다. 난 대학의 선생으로서, 더 이상 내 학생들이 "문송합니다"라고 이유 없이 사죄하는 것을 방관할 수 없다.

내 문과 학생들아! 네가 간절히 소망하는 너의 꿈을 반드시 이뤄보자. 여기 옆에 선생이 같이 있다. 여기까지 이렇게 참고 따라와줘서 정말 고맙다. 힘든 여정이지만 앞으로도 언제나 함께 할 것이다.

네가 후배들에게 이렇게 당당히 말하는 모습을 나는 진심으로 염원한다.

"문과라서 미안해. 그렇지만 말이야, 난 문과지만 해냈잖아. 좀 더 힘내. 나처럼 말이지. 내가 할 수 있는 일을 할 수 있어서, 그래서 문과라도 나는 자랑스러워."

참고자료

|

도서

· KBS 명견만리 제작팀, 『명견만리 - 인구, 경제, 북한, 의료편』(인플루엔셜, 2016년), p.182.

· 김난도, 『아프니까 청춘이다』(쌤앤파커스, 2010년), p.29, p.36, p.37, p.57, p.284.

· 김승호, 『돈보다 운을 벌어라』(쌤앤파커스, 2013년), p.48, p.46, p.57.

· 박정혁, 『절대 취업』(토트, 2012년) p.23.

· 이시형, 『세로토닌하라!』(중앙북스, 2010년)

· 이지성, 『'꿈꾸는 다락방』(국일미디어, 2007년) p.15, p.56.

· 혜민, 『멈추면, 비로소 보이는 것들』(쌤앤파커스, 2012년)

· RHJ, 서재경 옮김, 『It works』(매일경제신문사, 2005년)

· Richard Carlson, 『Don't sweat the small stuff at work and it's all small stuff』(Hyperion, 2014)

· Richard Carlson, 『Don't sweat the small stuff at work』(Bantam, 2014)

· Richard Carlson, 『You can be happy』(New World Library, 2006)

웹사이트

- NCS https://www.ncs.go.kr
- NCS 채용정보센터 https://www.ncs.go.kr/blind/bl04/RecrtNotifList.do
- 금감원 전자공시시스템 DART https://dart.fss.or.kr
- 네이버 금융홈 투자전략면 http://finance.naver.com/research/company_list.nhn
- 사람인 http://www.saramin.co.kr
- 일진전기 http://www.iljinelectric.co.kr/main.jsp
- 잡알리오 https://job.alio.go.kr/recruit.do
- 잡코리아 http://www.jobkorea.co.kr
- 한전 http://home.kepco.co.kr/kepco/main.do

독자 여러분의
소중한 원고를 기다립니다

★

메이트북스는 독자 여러분의 소중한 원고를 기다리고 있습니다. 집필을 끝냈거나 혹은 집필중인 원고가 있으신 분은 khg0109@hanmail.net으로 원고의 간단한 기획의도와 개요, 연락처 등과 함께 보내주시면 최대한 빨리 검토한 후에 연락드리겠습니다. 머뭇거리지 마시고 언제라도 메이트북스의 문을 두드리시면 반갑게 맞이하겠습니다.